CONSIDÉRATIONS

SUR

LE DICTIONNAIRE

DE

LA LANGUE ALLEMANDE.

A BERLIN,
IMPRIMÉ PAR J. F. UNGER.

CONSIDÉRATIONS
SUR
LE DICTIONNAIRE
DE
LA LANGUE ALLEMANDE,

CONÇU
AUTREFOIS PAR LEIBNITZ, ET MAINTENANT EXÉCUTÉ PAR UNE SOCIÉTÉ D'ACADÉMICIENS;

SOUS LES AUSPICES
DE
M. LE COMTE DE HERTZBERG.

PAR

Mr. BORRELLY,

MEMBRE ORDINAIRE DE L'ACADÉMIE ROYALE DES SCIENCES ET BELLES LETTRES DE PRUSSE, ASSOCIÉ DE CELLE DE MARSEILLE, CORRESPONDANT DU MUSÉE DE PARIS, PROFESSEUR D'ÉLOQUENCE A L'ACADÉMIE MILITAIRE, ET INSPECTEUR DES CLASSES FRANÇOISES AU CORPS DE CADETS.

A BERLIN,
CHEZ FRÉDÉRIC FRANKE
VIS-A-VIS DU CHÂTEAU.
1792.

PRÉFACE.

Mr. le comte de Hertzberg annonça, le 26 janvier dernier, dans l'assemblée publique de notre Académie, »que, d'après son »conseil, plusieurs de nos confrères alle»mands se disposoient à exécuter le plan »de Leibnitz sur *l'amélioration de leur »langue;*« et qu'en conséquence, cette députation académique consacreroit quelques années »à rassembler les matériaux, pour »faire une *grammaire exacte,* un *diction»naire complet,* et une *histoire suivie de »la langue allemande*«.

Mrs. Zöllner et Moritz, dans cette même séance, lurent, chacun, un mémoire, pour démontrer la nécessité et toute l'importance de ce projet.

Leurs discours parurent peu de temps après; et, à leur suite, l'on réimprima les considérations de l'homme célèbre, qui leur avoit tracé la route qu'ils devoient suivre.

La lecture de ces différentes pièces m'inspira le plus vif desir de voir commencer cette grande entreprise; et jamais je n'ai regretté, plus qu'en cette occasion, de ne pouvoir y concourir selon la mesure de mes foibles talens.

Je réfléchis, cependant, sur les moyens d'exécution qu'on pourroit embrasser. Mr. le comte de Hertzberg en indique quelques-uns dans son discours: mais il n'insiste point sur les développemens. Mr. Zöllner se borne à faire l'éloge des vues de Leibnitz; et Mr. Moritz, à inviter les savans, qui doivent être ses collaborateurs, à purger la langue allemande des mots étrangers, qu'il est très-possible, selon lui, de remplacer par des mots indigènes.

J'osai donc me permettre de joindre mes efforts à ceux de mes confrères, soit pour applanir les difficultés, soit pour éviter les écueils, qu'on rencontreroit dans une aussi vaste et pénible carrière; et quoique je n'aye pas l'honneur d'être l'un des membres de la députation, je crus qu'on ne trouveroit pas mauvais que j'exposasse aussi mes idées sur cette matière.

Les considérations de Leibnitz fixerent ensuite toute mon attention. Je les lus à plusieurs reprises. Elles m'offrirent partout de très-grandes vues, et dignes du génie sublime de ce philosophe. Mais, en les discutant avec soin, je reconnus (ce dont il nous avertit lui-même) que ces considérations ne sont qu'une ébauche, qu'un ouvrage *de premier jet*, pour ainsi parler; que, tout admirables qu'elles sont, elles contiennent quelques inexactitudes, et même des erreurs; qu'on les méditera, sans doute, toujours avec fruit, mais que le plan, qu'elles présentent dans leur ensemble, demande encore beaucoup de détails.

Je conçus donc un nouvel espoir de me rendre utile à ceux qui alloient s'occuper du perfectionnement de leur langue, en faisant une espèce de commentaire des principales propositions de l'immortel Leibnitz, et, surtout, en développant les notions élémentaires sur les langues en général, qui ont toujours été l'un des premiers objets de mes méditations et de mes études.

Si mon travail est honoré des suffrages du public et de l'Académie, je me suis proposé de commenter de même plusieurs autres ouvrages, également estimés; tels que la Mécanique des langues par Mr. Pluche, les Réflexions de J. J. Rousseau sur leur origine, et tous les grands principes de Mrs. l'abbé Girard, Du-Marsais, d'Açard, Beauzée, Court de Gebelin, Le Brigant et l'abbé de Condillac, aussi relatifs à la formation, à la culture et à la perfection des langues.

CON-

CONSIDÉRATIONS

SUR

LE DICTIONNAIRE

DE

LA LANGUE ALLEMANDE.

Chaque langue doit avoir son Dictionnaire: C'est-là une de ces vérités, qui frappent par leur évidence, et qu' aucun homme raisonnable n'oseroit révoquer en doute. Qui peut ne pas sentir la nécessité d'un dépot universel des mots ou signes représentatifs de nos idées? Et quel homme n'est pas quelquefois obligé d'y avoir recours? Quand même nos connoissances ne seroient pas aussi bornées qu'elles le sont, notre mémoire n'est pas assez prompte, assez vive, assez facile, pour nous offrir toujours au besoin, l'élocution juste, convenable et conforme à l'usage, qui, en transmettant nos pensées aux autres, puisse encore leur plaire et les intéresser.

Aussi, n'y a-t'il peut-être pas de nation, surtout en Europe où les lumières ont fait de si grands progrès, qui n'ait le Dictionnaire de sa langue, et plusieurs même d'entr'elles en ont un très grand nombre. Combien n'en compterions-nous pas, en France, par exemple? Ceux de Richelet, de Danet, de Joubert, de Buffier, de la Martiniere, de Trevoux, de l'Académie françoise, et le grand vocabulaire, se trouvent dans toutes les bibliothèques. L'Angleterre, l'Espagne, l'Italie, abondent en ces sortes d'ouvrages. La Russie elle-même, à peine sortie des ténèbres de l'ignorance et de la barbarie, a reconnu la nécessité de se procurer de pareils secours; et si l'exécution du Dictionnaire, dont elle s'occupe depuis quelques années, pouvoit répondre par sa bonté, à l'immense étendue du plan qu'on s'en est tracé, ce seroit une production unique et vraiment étonnante.

Mais, nulle part encore, les Dictionnaires n'ont été portés au degré de perfection dont ils sont susceptibles. Celui de l'Académie françoise est regardé généralement comme le plus estimable qu'on ait publié jusqu'à ce jour: et cependant, il laisse tant à desirer, que M. de Voltaire, juge très compétent et irrécusable en matière de langage, recueillit, pour ainsi dire, toutes ses forces à l'âge de 80. ans, pour déterminer ses confrères à le refondre, et que, pour échauffer leur zèle, il leur offrit, pour cette utile entreprise, avec tout l'enthousiasme qui l'anima toujours, le tribut de ses méditations et de ses travaux.

C'est donc un projet bien utile, et bien digne des suffrages des vrais amis des lettres, que celui d'un nouveau vocabulaire de la langue allemande, que M. le comte de Hertzberg vient de projetter, et auquel, en sa qualité de Curateur de l'Académie, il se propose de faire concourir tous ceux de ses membres, qui peuvent remplir son plan au gré de ses voeux.

Ce plan est, jusqu'ici, le même que celui de l'immortel Leibnitz. Je vais l'examiner dans tous ses détails; et, en le jugeant, je tâcherai d'oublier l'auteur, dont l'autorité est par elle-même si imposante, pour apprécier, avec plus d'impartialité, les différentes vues, que nous présente son ouvrage. J'exposerai, en même temps, avec une égale franchise, ce qui me paroit propre à faciliter l'exécution de l'entreprise que l'on médite.

Considérations sur la culture et la perfection de la langue allemande.

Je me sers de la traduction qu'on a faite de cet ouvrage de Leibnitz, n'étant pas en état de lire l'original. Elle n'est pas toujours bien correcte; et l'expression en est quelquefois louche, équivoque; mais je m'attacherai au fond des choses, à la pensée, et non aux mots.

Les langues sont le miroir de l'entendement; et les nations qui cherchent à cultiver leur entendement s'appliquent, en même temps, à la perfection de leur langue.

Ce principe est de la plus grande justesse. Si nous étions destinés à vivre isolés, il nous suffiroit de penser: mais nous sommes faits pour la société; nous devons communiquer avec nos semblables; et dès-lors, nous avons besoin d'un langage, qui leur peigne les différentes nuances des objets que saisit notre entendement, qui leur rende sensibles les diverses affections et, pour ainsi dire, tous les mouvemens de notre ame; qui frappe, remue, échauffe leur imagination, en même temps qu'il éclaire leur intelligence; de manière que les signes, qui composent ce langage, représentent, comme dans un *miroir* fidèle, tout ce qui se passe au dedans de nous-mêmes.

Les allemands ont déjà fait, ce me semble, de grands progrès dans la culture de leur langue, en ce qui est du ressort des cinq sens.

Un pareil éloge ne sera point taxé d'exagération; et, du temps de Leibnitz, la nation étoit, sans doute, trop avancée, pour manquer, en ce genre, d'expressions convenables. On doit raisonnablement supposer, qu'elle a procédé, dans la formation de sa langue, comme toutes les autres nations, anciennes et modernes. Il est naturel de porter d'abord son attention sur les objets physiques qui nous environnent, et qui s'offrent immédiatement à nos appétits ou à nos besoins; et l'expérience nous prouve, que les connoissances directes sont toujours celles que nous acquérons les premières.

Toute la différence, qu'il peut y avoir entre un peuple et un peuple, ne consiste que dans le plus ou le moins d'application que l'on donne à l'étude de la nature, ou dans le plus ou le móins de facilité qu'on a de se livrer à sa contemplation.

Or, sous ces deux rapports, les allemands ne l'ont jamais cédé à aucune nation de l'Europe. Ils sont industrieux et observateurs, laborieux et infatigables; et leur sol est l'un des plus riches, des plus fertiles en toutes sortes de productions. Comment, avec ces qualités et tous ces avantages réunis, n'auroint-ils pas inventé les signes représentatifs des divers objets de leurs connoissances?

On ne songe pas à créer les mots, quand on n'a pas les idées des choses: mais jamais, dans aucun siecle et chez aucun peuple, on n'a eû l'idée d'une chose, sans qu'aussitôt on n'ait travaillé à la rendre par une expression analogue à sa nature ou à sa destination. Ou on la cherche dans d'autres langues, pour se l'approprier, en la modifiant; ou l'on en forme une toute nouvelle d'après les propres élémens de sa langue: et c'est dans ce sens qu'on a dit, et qu'on dira toujours avec fondement, que *toute langue tire son origine de nos besoins.*

Des principes que je viens d'établir, résultent deux conséquences: La première, c'est que la nation, dont la langue abonde le plus en termes directs et primitifs, doit être censée la plus instruite, la plus avancée dans ses recherches sur la nature; et la seconde, c'est que, pour décider de l'antériorité des lumières entre les nations modernes, et de la supériorité même qu'elles peuvent avoir les unes sur les autres, il ne faut que consulter leurs langues et les comparer; il ne faut que vérifier, quelles sont celles, où les mots étrangers sont les plus nombreux.

Il est évident, en effet, qu'on n'emprunte d'un peuple les signes dont on est privé, que parcequ'on n'a connu qu'après lui les choses que ces signes sont destinés à représenter, ou que parcequ'on n'a pas aussi finement saisi leurs diverses nuances, pour les exprimer avec autant de précision et de fidélité; ce qui suffit, pour faire adjuger le premier rang au peuple rival, dont on met la langue à contribution.

Les savans, uniquement occupés de leur latin, avoient presque entiérement abandonné leur langue naturelle au peuple, qui, ne suivant que son instinct, n'a pas laissé que de la porter à un certain degré de perfection.

Il seroit à souhaiter, peut-être, qu'il y eut une langue de convention entre tous ceux qui cultivent les sciences, quels que soient les pays qu'ils habitent. Que de temps n'est-on pas forcé de consacrer aujourd'hui à l'étude des langues étrangères, si l'on veut se mettre en état de lire tous les bons ouvrages, que le génie enfante de toutes parts, et qui, dans le siecle où nous vivons surtout, se succédent avec tant de rapidité chez la plûpart des nations éclairées? Et combien plus de progrès ne feroit-on pas vers la perfection, si, au lieu de cette multitude infinie de mots, dont il faut surcharger sa mémoire, on n'avoit à nourrir son esprit que des choses mêmes?

Cependant, on auroit tort de croire, que l'adoption d'une langue universelle de communication fut sans inconvéniens. Les Savans y gagneroient, j'en conviens: mais ce qu'on appelle *peuple* y perdroit beaucoup, si je ne me trompe, puisqu'il n'auroit plus, à beaucoup près, les mêmes secours pour s'instruire. Les lumières augmenteroient de masse, si j'ose m'exprimer ainsi: mais elles seroient trop concentrées, pour se répandre aisément sur tout le corps social, et lui faire éprouver leur douce influence.

J'ajoute, que la langue nationale, *abandonnée* alors au *vulgaire*, ainsi que l'observe Leibnitz, ne se perfectionneroit qu'avec la plus extrême lenteur; et qu'elle contracteroit infailliblement des vices sans nombre, et que le temps, les habitudes, les préjugés rendroient indestructibles.

Le peuple commence toujours par établir sa langue: mais il n'appartient qu'au philosophe de la former, de l'épurer et de la fixer. L'un rassemble les pierres brutes de l'édifice: l'autre les taille, les polit, les arrange. Celui-là, dans ses créations, n'a pour guide que son instinct, ne se dirige que par le besoin; il prend, au hazard et sans choix, tout ce qui se trouve à sa convenance: il ne fait donc presque jamais que des mêlanges bizarres ou discordans. Celui-ci, au contraire, choisit avec discernement, dispose avec méthode, assortit avec goût et régularité; et si ses productions ne portent pas toujours l'empreinte du génie, elles réunissent toujours assez d'agrémens pour intéresser.

La vérité de cette observation est frappante, quand on prend la peine de comparer une langue, qui n'est parlée que par le peuple, auquel elle doit l'existence, et une langue, que les mains de la philosophie ont long-temps travaillée, et dans laquelle ont produit leurs chefs-d'oeuvres les plus beaux génies de la nation.

La première est libre et rapide, mais très souvent agreste et licentieuse; forte et énergique, mais plus communément dure et barbare; concise et sonore, mais trop circonscrite et sans harmonie: tandis que la seconde, en conservant ses premiers traits ou les caractères essentiels de son origine, se montre avec toute la décence, toutes les graces, toute l'aménité, qui peuvent faire oublier ses défauts naturels et la rendre aimable.

J'ignore quelle a été, du vivant de Leibnitz, la langue allemande, et jusqu'à quel point elle s'est ensuite perfectionnée. Mais, autant qu'il peut m'être permis d'en juger, il n'existe pas moins de différence entre les bons écrivains que l'allemagne possède aujourd'hui, et ceux qu'elle avoit au commencement de ce Siecle, qu'il n'y en a, en France, entre les excellens auteurs du siecle de Louis XIV, et ceux qui s'étoient illustrés avant cette grande Epoque et depuis le regne de François I. Il est très vraisemblable même, que les allemands de nos jours diffèrent encore plus de leurs prédécesseurs, si, comme le dit Leibnitz, les gens de lettres de son temps, sacrifiant leur langue maternelle à une langue morte, *abandonnoient au peuple* le soin de la porter à sa perfection; ce que ne pouvoit faire son seul *instinct*, et qu'on ne doit jamais attendre que de la plus saine raison, de la plus exacte philosophie et du goût le plus épuré.

Je suis persuadé qu'il n'y a aucune langue au monde plus abondante que l'allemande en termes justes et énergiques, pour énoncer les différens métaux et les diverses productions des mines; on peut également le dire des différens genres de vie et de professions, comme la chasse, la vie pastorale, la navigation.

Toute l'Europe rend la même justice aux allemands. Ils ont, par rapport à l'exploitation des *mines*, une supériorité décidée sur tous les autres peuples; et leurs ouvrages sur cette source intarissable de richesses et de prospérité, sont autant estimés que recherchés partout: il n'y a guères que les Suédois, qui leur disputent la prééminence: c'est qu'il est peu de régions, aussi fécondes en minéraux; et, en ce genre, comme en tout autre, c'est toujours la nature, ou plutôt le besoin, qui guide les hommes, et qui détermine leurs inclinations et leurs goûts.

Les mêmes facilités ont fait d'eux des *chasseurs* adroits, des *pasteurs* vigilans et industrieux, et d'habiles *navigateurs*. Ils doivent ces avantages à l'immensité des forêts, qui couvroient autrefois la Germanie, et qui sont encore très nombreuses, malgré les progrès qu'y fait tous les jours l'agriculture depuis la fin du siecle dernier: ils les doivent à la multitude de grands fleuves et de rivières, qu'on rencontre si fréquemment dans ce vaste et riche pays, et qui, en étendant au loin son commerce, en fertilisant ses campagnes, en produisant, de tous côtés, et dans tout leur cours, de gras paturages, invitent ses heureux habitans à la *vie pastorale* et à la *navigation:* ils les doivent enfin à cette admirable simplicité de moeurs, dont Tacite nous fait une description si touchante, et qui n'a jamais cessé de les caractériser; mais qu'un luxe destructeur, ennemi de toutes vertus, quoique si séduisant par son faux éclat, fera malheureusement bientôt disparoitre du milieu d'eux, si leurs gouvernemens ne se hâtent d'opposer les plus fortes digues à ce torrent, qui déjà porte dans leurs villes et jusques dans leurs campagnes tous les genres de corruptions et de vices.

On sent l'imperfection de notre langue dans les choses, qui, n'étant pas du ressort immédiat des sens, ne peuvent être bien saisies qu'à force de méditation et de réflexion.

C'est convenir, en d'autres termes, que les allemands, comme philosophes, cèdent le pas à beaucoup d'autres peuples, et que la métaphysique, tout ce qui tient aux abstractions de l'esprit, les principes généraux et particuliers des sciences et des arts, exigent encore de leur part les plus grands efforts.

Ils en ont beaucoup faits depuis Leibnitz; et l'on peut espérer qu'ils iront un jour tout aussi loin que leurs rivaux, puisqu'avec cette application, ce phlegme, cette persévérance dans le travail qui les distinguent, on est capable de tout approfondir et de tout généraliser.

Mais il leur reste de bien grands obstacles à surmonter, pour devenir tout ce qu'ils peuvent être; et comme mon but est de les servir, et non de les flatter (ce qui n'appartient qu'à un lâche), je prendrai la liberté de soumettre à leurs réflexions les observations suivantes, qu'un séjour de 20 ans parmi eux m'à mis à portée de faire, et qu'on trouvera, peut-être, aussi justes qu'impartiales.

I°. L'éducation des jeunes allemands n'a été rien moins que philosophique jusqu'à présent. On leur fait apprendre une infinité de détails sur tous les objets de nos connoissances: mais on ne les occupe que bien foiblement des principes essentiels et fondamentaux, qui constituent la science, et qui, seuls, nourrissent l'esprit, fécondent le génie, embrasent l'imagination et la retiennent dans ses écarts. On les applique à l'étude des arts: mais on ne les accoutume guères à se familiariser qu'avec ce qu'ils ont de sensible et de méchanique, ou d'utile dans la pratique. On finit, enfin, par leur donner une profession: mais on ne songe pas assez à former en eux ce discernement exact, ce tact fin et délicat, ce coup-d'oeil philosophique, surtout, à qui rien n'échappe, qui démêle, en toutes choses, le bon du mauvais, le médiocre de l'excellent, et sans

lequel,

lequel, incapable de juger de ce qui peut être par ce qui est, on n'est jamais qu'un imitateur rampant et servile; on ne s'élève jamais au rang d'inventeur.

Je ne parle qu'en général; car, il y auroit autant d'injustice que d'absurdité de ma part, à ne pas reconnoitre, qu'il est beaucoup d'allemands très profonds dans la métaphysique des sciences, et, dans leurs écoles, beaucoup de professeurs du mérite les plus distingué: mais la conviction que j'en ai, ne m'empêche pas de dire hautement, parceque je le pense, que l'éducation nationale tend bien plus à meubler la mémoire, qu'à développer les facultés de l'esprit; à apprendre les langues, soit mortes, soit vivantes, par l'usage et par la pratique, qu'à en bien saisir le génie, le caractère et les principes; à lire et à retenir les plus beaux morceaux d'histoire, d'éloquence et de poésie, des écrivains célèbres de l'antiquité et des temps modernes, qu'à les juger d'après les règles particulières de chaque genre et les loix éternelles et immuables du goût.

Je sais bien, qu'on peut faire encore, avec plus ou moins de fondement, le même reproche à tous les peuples: mais je voudrois qu'en Allemagne on se pénétrât bien plus fortement de la nécessité de former l'esprit et le jugement des enfans par une étude exacte et suivie des vrais principes.

Qu'on examine soigneusement ceux-même, qui sont les plus instruits, au moment où ils sortent de leurs collèges ou d'entre les mains de leurs précepteurs : ils ont vu beaucoup d'auteurs, expliqué un grand nombre d'ouvrages, grecs et latins, retenu une multitude d'excellens passages ; et rarement ils sont en état de les rapprocher des loix émanées de la philosophie et épurées par la critique : une sorte d'instinct leur fait appercevoir les beautés ou les défauts des auteurs classiques qu'ils ont parcourus ; et presque jamais, ils ne sont assez exercés dans la théorie, pour pouvoir remonter, sans peine, jusqu'à la source de ces beautés ou de ces défauts, qui les ont frappés, en les gravant dans leur mémoire.

Or, l'essentiel n'est pas, en quelque genre que ce puisse être, de savoir beaucoup de détails ; mais d'être assez versé dans la métaphysique des arts et des sciences, pour être capable de tout discuter avec méthode, de tout apprécier avec justesse, d'assigner à tout le rang et la place qui lui conviennent.

II°. Les gouvernemens des différens États de l'Allemagne n'ayant jamais beaucoup encouragé le génie national, les beaux arts et la littérature ont été long-temps fort peu cultivés. Leur conduite, à cet égard, a plus ou moins changé depuis quelques années ; et notre auguste monarque est, de tous les princes qui composent le corps germanique, celui qui s'est le plus empressé de donner l'exemple. On peut attendre les meilleurs effets du nouveau système qu'on paroit avoir assez généralement adopté.

Mais les allemands (je le dis sans détour, parce que je les estime trop pour ne pas leur dire la vérité) ont un défaut, qui ne peut que les retarder au milieu de leur carriere: C'est que, dans tous les genres d'agrémens, et dont le succès dépend du brillant de l'imagination et de la pureté du goût, ils se sont trop-tôt persuadé qu'ils avoient atteint à la perfection: ils dépriment avec affectation les écrivains illustres des autres nations, et surtout, les François; tandis qu'ils se prodiguent à eux-mêmes les louanges les plus emphatiques.

On me faisoit lire, il n'y a pas long-temps, dans je ne sais quel journal, un parallèle de M. Lessing et de M. de Voltaire. L'auteur s'étonnoit, que ses compatriotes ne rendissent pas à la mémoire du premier, les mêmes honneurs, que les François venoient de rendre à celle du second; et après avoir épuisé tous les traits de comparaison entre ces deux écrivains, le journaliste finissoit par ces mots remarquables; *car, après tout, Voltaire n'étoit que Voltaire.*

Ce n'est pas-là du patriotisme; ou, si l'on veut lui donner ce nom, du moins, est-il bien certain que c'est une sorte de patriotisme, qu'on ne peut approuver, puisqu'elle est contraire à l'avancement de la nation et à ses intérêts.

L'attachement et la reconnoissance que je dois aux allemands me font desirer, qu'ils se dépouillent enfin de cette partialité d'habitude et d'irréflexion, qui les rend quelquefois injustes envers les étrangers. Ils sont trop éclairés pour ne pas savoir, qu'un grand homme n'appartient pas uniquement au sol qui l'a vu naitre; mais qu'il est le concitoyen et l'ami de tous les Etres pensans de ce globe, puisque les productions de son génie sont destinées à répandre la lumière et la vérité sur toute la terre.

D'ailleurs, chaque pays a ses propriétés, ses avantages particuliers; et comme les circonstances locales ne manquent jamais de développer les talens dans les choses, sur lesquelles elles exercent leur influence immédiate, peut-être n'existe-t'-il en Europe aucune contrée assez barbare, pour n'avoir pas quelques modèles à offrir aux autres nations.

On n'a donc jamais aucun motif raisonnable, pour s'estimer d'une manière exclusive, pour se concentrer en soi-même et pour s'isoler. La sagesse veut, au contraire, qu'on embrasse du même coup-d'oeil tout le genre humain; et que, partout où l'on découvre des objets d'instruction et d'imitation, on s'y arrête avec la même complaisance et le même intérêt que sur son sol natal.

3°. Ma derniere observation, relativement aux principaux obstacles, qui s'opposent en allemagne au progrès de la véritable philosophie, n'est peut-être pas moins juste que les précédentes.

Leibnitz et Wolff, au commencement de ce siecle, ont fait faire à leurs compatriotes des pas de géans dans cette carriere: mais l'un étoit trop supérieur à ses contemporains par l'étendue et la sublimité de ses conceptions; et l'autre étoit trop scholastique, trop vétilleux.

On a cependant profité de leurs lumières; et les efforts que faisoient, depuis, tous les bons esprits, principalement dans les Etats dont les gouvernemens n'avoient pas l'absurde maxime de les contrarier, commençoient à produire les plus heureux effets.

Tout-à-coup a paru, en prusse, un homme du plus grand talent sans doute, mais qui malheureusement, en se proposant de déterminer les limites de l'esprit humain, a entrainé après lui ses nombreux admirateurs, non seulement dans les abstractions les plus ténébreuses, mais encore dans toutes les subtilités, dans toutes les distinctions futiles et minutieuses de l'ancienne école, aristotélique et platonicienne.

Je ne puis juger M. Kant que d'après l'exposition que Mrs. Selle et Schwab nous ont donnée de son système. Mais, sans nier que sa manière de philosopher n'ait son utilité, je ne regrette pas moins qu'un homme de ce mérite ait employé toute la force de son génie à creuser des sujets, qui ne serviront jamais à répandre de grandes lumières, tandis qu'il reste encore tant de riches moissons à recueillir dans les vastes champs de la philosophie.

Combien de choses intéressantes à développer sur notre entendement, ses facultés, ses opérations, et la manière de les exercer? combien de principes à établir ou à confirmer dans toutes les sciences, dans tous les arts? combien de règles à fixer sur le goût et l'imitation?

Autrefois, en France, on ne se croyoit philosophe, qu'autant qu'on s'étoit mis en état de disserter bien scientifiquement sur les cathégories d'Aristote, que le parlement honoroit, tantôt, comme le plus grave docteur de l'Église, et prescrivoit, tantôt, comme un hérésiarque. Mais on a vu, enfin, quoiqu'un peu tard, qu'il y avoit des matières philosophiques d'un tout autre intérêt; et l'on a cessé de s'occuper de cathégories.

J'espère que les allemands ne tarderont pas à penser de même.

Nous manquons de termes pour exprimer les mouvemens de l'ame, de certains crimes, et plusieurs qualités de l'ame, dont l'usage se présente souvent en morale et en politique; et dans les connoissances encore plus abstraites et plus sublimes, ce défaut devient plus sensible.

C'est, en réfléchissant à de semblables assertions, qu'on conçoit l'énorme distance, qui sépare les allemands de nos jours, de ceux du siecle passé et du commencement même du nôtre. On compte aujourd'hui, dans les principales villes de l'empire germanique, un assez grand nombre de bons orateurs, d'excellens moralistes, d'habiles et profonds publicistes; et les hautes sciences nous y offrent encore plus d'auteurs de réputation. Combien la langue allemande n'a-t'-elle donc pas dû s'enrichir depuis Leibnitz? et quel puissant motif d'encouragement pour ceux, qui aspirent à la perfectionner?

Ce n'est pas la capacité, mais une volonté efficace qui a manqué jusqu'à ce jour aux allemands, de polir leur langue. Si tout ce que le peuple exécute, y est bien rendu et exprimé, peut-on mettre en doute, que la partie de la nation la mieux instruite et particuliérement les Savans, ne réussissent à bien rendre en allemand leurs pensées et leurs productions?

Il faudroit être bien injuste, ou bien ignorant, pour refuser aux peuples de l'allemagne les mêmes facultés, que tous les autres ont reques de la nature; et le môt si connu, du pere Bouhours, et qui révolte tant encore les allemands, n'a jamais été interprêté comme il devoit l'être. Ce jesuite ne prétendoit faire assurément qu'une plaisanterie très innocente, en indiquant la différence que l'usage ou la privation du bon vin peut mettre entre les hommes; ou il auroit dit une absurdité dégoutante et peu digne d'être relevée.

Les talens sont de tous les pays, comme de tous les temps. Le climat a bien quelque influence sur les esprits: mais ce qui les fait différer essentiellement les uns des autres, selon les pays qu'ils habitent, c'est l'éducation; c'est la nature des circonstances locales; c'est surtout le gouvernement.

Montesquieu subordonne presque tout au climat; et Helvétius, à l'éducation, aux causes morales. Ces deux opinions sont exagérées. Il est incontestable, que nos facultés actives, nos dispositions habituelles dépendent, en grande partie, de l'athmosphere qui nous environne, du genre de boisson et de nourriture que nous prenons, en un mot, de toute notre manière d'être physique: mais supposons néanmoins, que tous les États de l'Europe et de l'Univers suivissent les mêmes principes d'administration; que la jeunesse y fut instruite et élevée avec la plus parfaite uniformité; que les arts, l'industrie, le commerce, y fussent partout également florissans: dans cette hypothèse, les peuples du nord se rapprocheroient très certainement, en tous points, de ceux du midi.

Les allemands ont eu de grands hommes dans tous les siecles; et, quel que soit leur sol, ou l'air qu'ils respirent, ils ne cesseront jamais d'en produire, tant que leurs gouvernemens seconderont leurs efforts de tout leur pouvoir; et c'est-là qu'il faut remonter pour les juger équitablement. Ils ont toujours eu des savans et des érudits, parcequ'il ne faut pour cela que du génie, du travail et de la constance. Les beaux arts et la belle littérature n'y font, pour ainsi dire, que de naître, parceque leur culture tient à des causes étrangères et qui n'ont aucun rapport avec leurs qualités personnelles. Leur langue elle-même n'a pas atteint encore à toute la perfection dont elle est susceptible, parceque leurs gens de lettres, suivant Leibnitz, ne s'en sont pas assez occupés jusqu'à ce moment. Leurs gouvernemens n'ont donc qu'à vouloir; et leur génie se développera bientôt en tout genre.

Notre langue n'exprime que des choses réelles, et répugne même à donner de nom aux chimeres: ignorat inepta.

Les *choses réelles* sont, à peu près, toutes dénommées dans les différentes langues des peuples civilisés; j'ai déjà fait voir, que c'est toujours par des expressions semblables, qu'ils commencent à jetter les fondemens de leurs langues, puisque les connoissances, que nous recevons directement et immédiatement de nos sens, sont toujours en nous les premières.

Mais, lorsque, chez un peuple, le luxe a corrompu les moeurs; que la fréquentation et la familiarité des deux sexes, ont introduit le goût de la frivolité, des modes, de la parure; que la galanterie est devenue l'instrument de la séduction des femmes; qu'enfin les hommes sont obligés, pour leur plaire, de leur dire des riens, de les amuser de colifichets et de bagatelles, de ne leur faire entendre que des fadeurs: il se forme, dès-lors, une jargon puérile ou efféminé, qui énerve, dégrade, avilit la langue nationale, et qui, par des degrés insensibles, parvient à la faire décheoir de sa noblesse, de sa dignité originaire, et, tôt ou tard, à la rendre méconnoissable.

Puissent les allemands conserver long-temps leurs usages, leurs habitudes, leurs moeurs antiques; ou plutôt, ne jamais cesser de dire de leur langue, avec le grand Leibnitz: *ignorat inepta!*

Notre langue n'admet aucun terme vuide de sens. Elle exclut absolument tous les mots, exprimant des idées qui n'ont aucun objet.

N'admettre aucun terme vuide de sens, n'est pas un caractère distinctif de la langue allemande; c'est celui de toutes les langues que nous connoissons; car, partout, un terme, *vuide de sens*, ou qui n'a pas de valeur, n'est pas un mot; mais un simple assemblage de lettres ou signes alphabétiques, formé par le caprice ou par le hazard.

La valeur d'un mot consiste à réveiller l'idée de la chose qui l'a fait naître; et toute langue exclut, avec la même sévérité, toute prétendue expression, qui, dans l'esprit de tout Être raisonnable qui peut l'entendre, ne rappelle pas l'idée de quelque objet.

Quant aux *mots*, *exprimant des idées qui n'ont aucun objet*, j'avoue que je ne les conçois pas. En existe-t'-il de pareils? Y a-t'-il des idées, sans objet quelconque, ou physique ou moral? Non, assurément. Une idée qui ne seroit l'image de rien, ne seroit pas une idée; de même qu'un mot, qui ne seroit le signe d'aucune idée, ne seroit pas un mot.

Ce n'est pas dans une langue qu'on doit s'ériger en puritain, et par une crainte superstitieuse fuir, comme un péché mortel, tout terme étranger, mais commode, s'énerver soi-même, et ôter toute l'énergie à son discours.

Deux questions, également intéressantes, se

présentent naturellement. Peut-on assigner les bornes, dans lesquelles doit se renfermer le purisme? Et est-il toujours permis d'adopter des mots étrangers?

I°. Un peu de réflexion suffit pour sentir, que, si le langage doit toujours être pur, il ne faut pas cependant porter la délicatesse jusqu'au scrupule: rien n'est agréable sans liberté; et la contrainte flétrit la beauté même. Il est donc bien des cas, où, quand la langue ne se prête pas assez à l'expression, on doit, sans balancer, se permettre quelque licence; rajeunir, par exemple, de vieux mots, emprunter d'une langue étrangère ceux qui peuvent rendre la pensée avec plus d'énergie ou de précision; s'affranchir même des loix grammaticales, s'il est impossible autrement de conserver, dans la diction, toute la chaleur du sentiment, ou toute la vivacité et tout l'éclat de l'imagination.

Les François ont méconnu ces grands principes; et l'on est fondé à leur reprocher deux excès également condamnables, et qui ne se sont pas moins opposés, l'un que l'autre, pendant long-temps, au perfectionnement de leur langue.

Lorsqu'ils entreprirent de la former, ils commencerent par proscrire leur latin demi-barbare de leurs actes publics; ce premier pas étoit indispensable: mais en étendant l'empire de la langue vulgaire, ils ne mirent aucun choix dans leurs expressions; le goût leur manquoit: ils n'étoient pas encore en état de sentir le grossiéreté, l'indécence même, qui regnoit dans leurs discours. Ils ne se faisoient pas d'idée de la *pudeur des mots* ni de *l'honnêteté des images*. La cour parloit l'italien ou l'espagnol: les Savans se déterminoient avec peine à abandonner le latin et le grec, qui, seuls, leur offroient de parfaits modèles à imiter: et le petit nombre d'écrivains, qui donnoit la préférence à la langue nationale, ne recherchoit en rien la délicatesse, l'élégance, la pureté: il ne pouvoit aspirer qu'à se faire lire du peuple; et ce peuple n'avoit aucun sentiment du vrai Beau.

A cette premiere Epoque, la langue françoise se montre donc avec toute l'aspérité, toute la rudesse, toute la rusticité celtique ou gauloise; et ses défauts ne sont point rachettés, à beaucoup près, par son admirable naïveté.

Le siecle de Louis XIV, ce siecle de lumières autant que de magnificence et de faste, opéra une révolution générale dans les esprits; et sous la plume des écrivains célèbres qu'il vit naître, la langue acquit de la correction, de la pureté, de l'élégance, de la force, de l'harmonie, de la pompe et de la grandeur.

Mais, au lieu de travailler à l'enrichir de toutes les expressions qui lui manquoient encore, et de lui conserver au moins toutes celles, qui, sans déroger à la noblesse et à la dignité qu'on avoit su lui donner, pouvoient continuer d'y figurer avec avantage, on crut la perfectionner par la proscription de tous mots, qui, par la nature des sons, blessoient les oreilles, ou l'imagination et le sentiment, par la petitesse de leur objet.

Bientôt, les beaux esprits remplacerent les hommes de génie; et ne se sentant pas la force, comme ceux-ci de s'élever au grand, ils chercherent à se distinguer par leur délicatesse. Mais, à force de raffinement, ils appauvrirent insensiblement cette langue, d'ailleurs si admirable par l'ordre, la netteté, la clarté, qui la caractérisent.

Le Dictionnaire de l'Académie françoise est encore aujourd'hui la preuve incontestable de cette pauvreté, que tous les peuples de l'Europe s'accordent à lui reprocher. Tout le monde connoit la lettre fameuse, que l'illustre auteur de Thélémaque écrivit sur ce sujet à l'Académie françoise, dont il étoit membre et l'un des plus grands ornemens. Il exhorta très fortement ses confrères à donner beaucoup plus d'extension à cet ouvrage, en rendant à la langue une foule de mots, qu'un faux goût en avoit bannis, et que néanmoins le besoin réclamoit impérieusement.

Le temps de cette utile réformation n'étoit pas arrivé; et malgré les pressantes invitations des Fénélon, des Rousseau, des Voltaire, de tous les gens de lettres vraiment philosophes, la langue est restée dans la même indigence jusqu'à ces dernières années.

La révolution, en changeant la face entière de la France, a enfanté une multitude d'idées nouvelles, et, par conséquent, fait chercher les mots nécessaires pour les bien rendre. Les bons esprits ont franchi tout d'un coup les barrières, qu'une vaine délicatesse avoit élevées; et la langue, devenant plus franche, plus libre, plus hardie, s'enrichit tous les jours d'une infinité d'expressions, jusqu'à présent inusitées, ou viellies, ou de nouvelle création.

II°. Quant aux emprunts des mots qu'on n'a pas, il y a long-temps que la légitimité en est établie. Horace nous dit dans sa poétique:

licuit, semperque licebit
signatum praesente nota producere nomen.

Mais il faut observer quelle est la condition essentielle, que prescrit ici ce sage législateur de la poésie latine: il veut, que les mots, qu'on fait passer, soit d'une langue morte, soit d'une langue vivante, dans la sienne propre, soient marqués au coin de l'usage regnant, *signatum praesente nota.*

Les anglois n'ont jamais pû se plier à cette règle. Ils ont pris, dans les langues de tous leurs voisins, les termes dont ils étoient privés; et ils ne les ont altérés en rien, si ce n'est dans la manière de les prononcer. Aussi, parmi les langues modernes de l'Europe, la leur est celle, dont la formation nous présente peut-être le moins d'uniformité. C'est un édifice, bizarre et monstrueux, qui paroit avoir été fait sans plan, auquel le hazard a eu bien plus de part que la réflexion, et dont toutes les parties sont disparates.

Les allemands, grands admirateurs, mais, bien souvent, trop fideles imitateurs des anglois, sont tombés dans le même défaut. Les mots qu'ils ont empruntés des latins, par exemple, sont si peu changés, qu'un étranger, qui les entend parler pour la première fois, se croit presque transporté dans l'ancienne Rome; et ces sortes de mots font, surtout, un effet singulier dans la bouche des femmes.

Les François, à cet égard, se sont conduits bien plus sagement; et quoique les deux tiers de leurs mots soient aussi pris du latin, ils ont eu l'attention de les adapter au génie de leur langue et à leurs usages. On reconnoit l'origine de ces termes d'emprunt: mais on n'en trouve aucun, dont la terminaison ne s'accorde avec celle des mots indigènes.

La société italienne de la Crusca a manqué son but en bien des choses, pour avoir voulu porter trop de scrupule dans la séparation des bons termes d'avec ceux qu'elle a estimé mauvais. Dans le crible, le son et la farine sont également quelque chose; et cette Académie, dans la dernière édition de son dictionnaire, a dû y faire entrer, par la porte secrete, bien des mots proscrits auparavant.

L'observation de Leibnitz sur cette Académie n'est malheureusement que trop applicable à la plupart des sociétés littéraires des autres nations, où le nombre des beaux-esprits l'emporte, presque toujours, sur celui des hommes de génie et des vrais philosophes.

J'ai déjà fait voir que l'Académie françoise elle-même en est un exemple, et que, dans la composition de son dictionnaire, elle ne s'est pas autrement conduite que celle de la Crusca. Eh! combien d'autres ne pourrois-je pas citer encore?

C'est, en effet, un défaut assez général parmi les académiciens de tous les pays, de vouloir briller, très-souvent même, en dépit du sujet et du genre, et de s'attacher beaucoup plus à l'éclat, à la beauté de l'élocution, qu'à la vérité, à la justesse, à la solidité des pensées; et cela est si universellement reconnu, que, par *style académique*, on entend communément, et partout, ce style orné, sententieux, épigrammatique, qui ne peut être propre qu'à couvrir de *fleurs* la futilité de la matière.

Or, de pareils hommes, asservis par leurs préjugés et par leurs habitudes, s'ils sont appelés à recueillir les mots de leur langue, doivent être naturellement très-enclins à n'envisager commes *bons*, que ceux qui leur sont devenus les plus familiers, et à écarter tous les autres, sinon comme *mauvais*, du moins, comme ignobles et surannés.

Tel est le reproche, que fait Leibnitz aux académiciens de la Crusca, et qu'il pouvoit étendre à ceux de l'Académie françoise. Mais il faut espérer, que les nôtres, en exécutant une semblable entreprise, ne se laisseront pas séduire par les mêmes erreurs, et qu'ils adopteront de meilleurs principes.

Il en est un surtout, qui seul suffiroit pour guider sûrement dans ce genre de travail; et la plus foible intelligence doit en saisir, du premier coup-d'oeil, toute la justesse.

Qu' est-ce que le vocabulaire d'une langue? C'est le recueil alphabétique de tous les mots, qui, dans cette langue, peuvent servir à représenter quelque objet ou quelque idée.

Il est donc absurde de distinguer entre *bons* et *mauvais* termes, et d'embrasser les premiers exclusivement: car il n'en est aucun, quelle qu'en soit la nature, qui ne soit admissible comme *très-bon*, s'il réveille toujours et complettement l'idée de l'objet dont il est le signe; et cette comparaison de Leibnitz, *dans le crible, le son et la farine sont également quelque chose,* quoique fort triviale, est d'un très-grand sens.

Il faut des expressions pour tous les genres d'écrire, soit en vers, soit en prose; pour les sciences, la littérature, les arts; pour tous les styles et pour tous les sujets: il en faut pour l'esprit, pour le coeur, pour l'imagination.

Il en faut d'analogues à toutes les conditions, à tous les caracteres, à toutes les passions, à toutes les habitudes, à tous les usages, à tous les besoins de la vie humaine et de la société.

J'ajoute, que les mots, qu'on appelle *vieux*, c'est-à-dire, qu'a proscrits l'usage, lui, qui, selon Horace, est l'arbitre, la règle, le législateur suprême en cette matiere,

Quem penes arbitrium est et jus et norma loquendi,

ne doivent pas même être négligés par les lexicographes. Dans combien de cas ne peut-on pas les employer avec avantage? n'ont-ils pas bien souvent plus de grâce même, que les termes nouveaux qui les ont remplacés?

On n'a qu'à ouvrir La Fontaine, pour s'en convaincre. Ce poëte inimitable est, parmi nos modernes, celui, qui en ce genre a montré le plus de sagacité, d'habileté, de génie: il rajeunit avec tant d'art tous les vieux mots qu'il trouve sous sa plume, et il les place si à propos, que les hommes du goût le plus difficile les accueillent toujours avec transport.

Aussi, jamais personne ne se nourrit-il, autant que lui, de la lecture de nos vieux romanciers; et c'est là, bien plus que dans le dictionnaire de l'Académie, qu'il apprit à connoître l'emploi et à sentir l'effet d'une foule d'expressions, dédaignées ou ignorées de la plupart des beaux-esprits de son temps.

C'est que cette société (celle de la Crusca) *avoit d'abord voulu soumettre toute l'Italie aux lois de la Toscane, et prescrire des bornes trop étroites aux savans mêmes. Un florentin, et un des principaux membres de cette société, m'a avoué, qu'il avoit été infecté de cette superstition toscane, mais qu'il s'en étoit délivré.*

Leibnitz ne cite cet exemple d'une Académie étrangère, que pour prouver à celles de son pays, qui, comme celle-là, ambitionneront la gloire de perfectionner leur langue et d'en déterminer exactement tous les mots :

Que, quelque imposante que soit par elle-même l'autorité d'une société de savans et de littérateurs, elle ne l'est cependant pas assez, pour faire adopter, dans les différentes contrées et provinces d'un vaste empire, toutes les expressions dont elle a fait choix, et pour faire rejetter toutes celles qu'elle a marquées de son improbation; les unes, parceque l'usage les a consacrées dans les lieux où elle est établie, et les autres, parcequ'elles y sont proscrites, ou inusitées et ignorées.

Le despotisme même est sans force en cette matière. Il peut enchaîner ses esclaves: il ne parviendra jamais à donner le *droit de bourgeoisie* à un mot, que reprouve l'opinion générale. J'assimilerois volontiers le langage à la foi, qu'on répand quelquefois par la persuasion et par l'exemple, mais dont on ne fait qu'affoiblir et détruire l'empire par les édits et par la rigueur.

Deux faits contraires viennent également à l'appui de mes assertions.

Voltaire, partant du principe que l'orthographe doit correspondre parfaitement avec la prononciation, (ce qui seroit très-bon, sans doute, mais ce qui n'a jamais existé, ni n'existera peut-être jamais dans aucune langue) s'est efforcé, toute sa vie, de faire adopter sa manière d'écrire beaucoup de mots, où l'usage a toujours fait entrer de certaines lettres, qu'on supprime à la prononciation, ou qu'on fait sonner tout autrement que suivant leur valeur primitive. Il n'a été suivi que par un petit nombre de ses enthousiastes. Les gens sensés ont persisté à conserver dans les mots les lettres étymologiques, quoique bien souvent superflues, parce qu'elles sont l'indice et la preuve de leur origine: ils ont craint, et avec raison, d'altérer la typographie reçue, et depuis long-temps dominante; et l'autorité de cet homme célèbre n'a guères opéré jusqu'ici que de très-légers changemens.

Rousseau, au contraire, sans dogmatiser, sans prétendre s'ériger en réformateur, a toujours consulté le besoin, et le besoin seul, dans sa manière de s'énoncer; et toutes les fois que sa langue ne lui fournissoit pas d'expression, capable de rendre sa pensée avec la clarté, la précision et l'énergie convenable, il ne balançoit pas à en créer une toute nouvelle. On l'a d'abord censuré très-amérement; on l'a taxé du néologisme le plus outré: mais, peu-à-peu, on s'est apperçu, qu'au lieu d'avoir dégradé sa langue, il l'avoit enrichie, embellie, perfectionnée: et non seulement les mots de sa création sont aujourd'hui admis par tous les François; mais on se fait une sorte de mérite et de gloire d'imiter toute la franchise et toute la hardiesse de son caractère.

C'est ainsi que s'introduisent, que s'établissent les mots nouveaux. Inutilement, une Académie porte ses décisions: elles sont impuissantes et nulles, si le public s'obstine à ne pas les ratifier: inutilement, on prononce, que telle autre expression provinciale ou étrangère est mauvaise, et que telle autre lui est préférable, si le plus grand nombre des savans, des hommes instruits, en juge autrement: Inutilement, enfin, elle fait entrer dans un dictionnaire *par la porte secrete, selon l'expression de Leibnitz, les mots proscrits auparavant*, si l'opinion générale ou l'usage continue de les repousser.

L'autorité et l'adresse ne feront jamais ici, que des tentatives infructueuses. C'est le besoin qui crée les mots: et c'est le besoin seul, qni les met en vogue, et qui les maintient, en dépit de toutes les réclamations.

Mais il faut, en ce point comme en beaucoup d'autres, user d'une extrême circonspection, et, principalement, se tenir en garde contre cette *superstition toscane* dont parle Leibnitz.

Qu'importe, par exemple, qu'un mot soit brandebourgeois, saxon, westphalien, franconien? ce n'est pas le lieu d'où il sort, qui fait sa valeur et son prix. Il est digne d'être universellement adopté, s'il est nécessaire, s'il représente bien l'objet auquel on l'applique, et si, d'ailleurs, conforme au génie particulier de la langue, il n'a rien qui blesse le goût et l'oreille des gens délicats et polis.

Il n'est pas moins certain, que des membres de quelques Académies allemandes, pour vouloir trop aller en avant dans cette matière, se sont fait des adversaires sans nécessité: ils ont pensé tout redresser d'un seul coup, sans faire attention que cette entreprise est impraticable, quand les vices sont invétérés.

Rien de si vrai, ni de si juste que cette observation: elle est fondée sur la connoissance du coeur humain; et quoique tout mal réel exige une réforme, on ne doit, ni se presser trop de la faire, ni la pousser trop loin, avant que les esprits y soient préparés. Combien n'est-il pas dangereux de heurter de front tous les préjugés? Et combien l'empire des habitudes n'est-il pas quelquefois irrésistible?

Partout, les hommes à routine sont intraitables: on ne compose guères avec eux: et dans les sciences, comme dans les arts, il est infiniment plus de ces hommes-là que des bons esprits. Or, à leurs yeux, tout ce qui est nouveau ne vaut rien, ou du moins, doit être suspect; et ce qui s'est toujours fait doit toujours se faire; telle est leur logique.

Ainsi, les vieillards, en général, répugnent à toutes les sortes d'innovations; et il est bien rare, qu'elles n'éprouvent pas les plus fortes oppositions de leur part, ou qu'elles leur plaisent, s'ils ne réussissent point à les empêcher.

La jeunesse seule réforme: mais, pour l'ordinaire, elle s'expose témérairement à tout bouleverser, en voulant tout changer; et elle ne combine pas assez ses moyens de succès avec les obstacles qu'elle a à vaincre.

C'est-là, cependant, ce que la prudence nous prescrit en tout genre; et, en matière de langage, plus qu'en toute autre, il faut donner aux sages le temps de se faire entendre de la multitude, et ne pas détruire, par la précipitation, l'effet de leurs représentations ou de leurs censures.

Combien de fois n'a-t-on pas dit aux Allemands: »abandonnez vos caractères gothiques, »qui ne ressemblent pas mal aux hiéroglyphes »de l'ancienne Egypte; et sur ce point, imitez »les françois, vos voisins, qui les avoient aussi »comme vous, et qui s'en sont défaits? Ces ca-»ractères sont d'un très-mauvais goût, et indig-»nes d'une nation polie et civilisée: ils sont peu »distincts, et fatiguent la vue: ils sont trop fi-»gurés et trop maniérés. Le vrai beau, dans les «arts, est simple comme la nature; et ce qui est »chargé, compliqué et confus, ne peut plaire »qu'aux hommes d'un goût dépravé».

Toutes ces observations, tous ces argumens ne faisoient qu'une foible impression sur eux: c'est, qu'habitués depuis très-long-temps à ces caractères, ils ne leur trouvoient pas les mêmes défauts que les autres peuples; c'est qu'ils les regardoient, en quelque sorte, comme une propriété de leur langue: c'est qu'ils croyoient l'honneur national intéressé à les conserver.

A la longue, leurs préjugés se sont dissipés: les heureux essais de quelques-uns de leurs écrivains, qui se sont décidés en faveur de la typographie étrangère, les ont accoutumés, par degrés, à d'autres caractères que les leurs propres: et ce n'est peut-être que maintenant, qu'on peut se flatter d'amener la nation entière à une uniformité aussi désirable.

L'état des choses a empiré de nos jours: on ne met plus de bornes au mélange. Le prédicateur dans la chaire, l'homme de robe au barreau, et le citoyen, dans tout ce qu'il dit et écrit, ne fait plus que corrompre son langage par un misérable jargon françois; et il y a grande apparence, que, si on n'oppose une digue à ce torrent, la langue allemande aura le même sort en Allemagne, que l'anglois en Angleterre.

La langue françoise est tellemeut cultivée dans les grandes villes de l'Allemagne, comme Vienne, Dresde, Berlin, Leipsick, Francfort, Manheim, et principalement depuis la trop fameuse époque de la révocation de l'édit de Nantes, qu'il est impossible que la langue allemande ait pû se garantir de toute altération.

Mais cette altération tient à plusieurs causes, qui ont plus ou moins d'influence; et il est essentiel de les développer, pour distinguer celles qu'on pourroit détruire, de celles qui paroissent indestructibles.

1º. On fait apprendre communément à la jeunesse de l'Allemagne les deux langues en même temps.

Je ne nie pas, que cette méthode ne soit très-bonne, et quelle n'ait de grands avantages. La connoissance pratique des langues ne demande que de la mémoire ; et cette faculté de l'esprit n'est jamais plus active que dans un âge tendre.

L'homme mûr court après les choses, les idées nouvelles ; et les signes de ces choses, de ces idées, quoiqu'inséparables d'elles, ne s'offrent cependant à lui, que comme des accessoires, et sur lesquels son attention ne se porte jamais avec la même vivacité : c'est ainsi qu'on regarde souvent un personnage qui vous intéresse, sans voir seulement l'habit qui le couvre.

Le vieillard, à son tour, manque de ce feu, de cette sensibilité, nécessaires pour prêter aux nouveaux objets qu'il découvre ce degré d'importance, qui pourroit provoquer ses efforts pour s'en inculquer fortement le souvenir; et, par conséquent, les mots destinés à représenter ces objets, ne font que glisser sur son esprit, et n'y laissent jamais des traces assez profondes.

Tout, au contraire, frappe un enfant; tout

excite sa curiosité, parce que tout est nouveau pour lui : et son cerveau est une cire molle et flexible, sur laquelle on imprime tout ce qu'on veut.

Mais, en approuvant qu'on applique, de très-bonne heure, la jeunesse allemande à l'étude d'une langue, qui, comme la françoise, est devenue, pour tous les peuples de l'Europe, d'une nécessité presque indispensable, et dont on peut retirer tant de fruit, à cause de l'immense quantité d'excellens ouvrages qu'elle met à portée de lire, je ne puis m'empêcher d'observer, qu'elle entraîne quelques inconvéniens par rapport à la langue nationale.

Je suis convaincu, (et l'expérience ne le démontre que trop), qu'on ne parvient à connoître parfaitement, ou, du moins, à ne parler bien purement, qu'une langue ; que, plus on en embrasse, plus on met de confusion et de désordre dans sa manière de s'exprimer ; et surtout, que deux langues, aussi différentes que la françoise et l'allemande, puisque l'une est *analogue* et l'autre *transpositive*, se contrariant sans cesse dans leur génie, dans leur syntaxe, dans leur prononciation, ne peuvent que se nuire infiniment l'une à l'autre.

Je sais, qu'on oppose à cela quelques faits extraordinaires ; mais je ne crois point, qu'ils infirment ce que j'avance. En les admettant même comme incontestables, et tels qu'ils sont consignés dans l'histoire, ils ne pourroient être classés que dans le très-petit nombre des exceptions aux lois générales.

»Mithridate (dit-on) avoit étudié 21 langues; »et il écrivoit et parloit ces différentes langues «avec une égale facilité. De nos jours (ajoute-»t-on) le chancelier d'Aguesseau est parvenu, dans »un âge de maturité, à posséder, avec plusieurs »langues mortes, la plupart de celles qu'on parle »en Europe; et cette connoissance n'a été pour »lui qu'une sorte d'amusement et de jeu«.

Je veux bien supposer, que le premier en savoit assez pour se rendre intelligible: mais je ne me persuaderai jamais, qu'il s'exprimât, dans chacune des langues dont il avoit fait son étude, avec toute la correction et toute la pureté qu'on eut pû désirer.

Quant au second, son but, en cultivant tant de différentes langues, ne fut jamais de les parler ni d'écrire dans aucune d'elles, mais de les entendre toutes assez, pour lire tous les bons auteurs étrangers.

Or, se borner à cela, ce n'est pas tenter l'impossible: c'est circonscrire son ambition dans de justes bornes. Mais aller plus loin, c'est s'exposer à faire le mélange le plus détestable des divers idiomes, dont on a surchargé sa mémoire: c'est courir le risque d'abâtardir, pour ainsi parler, sa langue propre et maternelle: c'est se réduire même à l'impossibilité d'y jamais atteindre à la perfection: et de-là, tous ces gallicismes et tous ces germanismes, qu'on reproche aux François et aux Allemands, à qui les langues des deux nations sont également familières, et qui sont fort éloignés eux-mêmes de s'en douter.

Ainsi, la premiere cause de l'altération de la langue allemande, c'est l'adoption, presque universelle, de la françoise en Allemagne. Elle est fondée sur la nature des choses; et il est impossible d'en prévenir ou d'en empêcher entierement les effets.

II°. La seconde tient à la manière, dont ces deux langues, et, en particulier, la françoise, sont enseignées dans toutes les contrées de l'empire germanique.

Ceux qui y font ce métier, sont ordinairement des hommes dénués de tous principes philosophiques, qui n'ont fait que de très-mauvaises études (si toute-fois ils en ont fait), et qui, par conséquent, ne sont guidés que par une routine aveugle et absurde. On les prend au hazard, parce que c'est toujours le prix qui décide du choix, et non le mérite; on les avilit par le dédain qu'on leur témoigne: et ils s'attirent souvent eux-mêmes cette dégradation par la bassesse de leur conduite, autant que par leur ignorance.

Les maîtres allemands valent un peu mieux,

j'en conviens, que les maîtres françois; et cela doit être. Les premiers, étant du pays, et pouvant être appréciés, sont choisis avec plus de soin: on trouve, parmi eux, moins d'avanturiers, moins de mauvais sujets, sous tous les rapports: on peut mieux juger des progrès que font leurs élèves. Mais les seconds, qu'on ne connoît pas, et dont la langue est étrangère, n'ont besoin que d'intrigue, de souplesse et d'effronterie, pour prendre faveur; et souvent, ces prétendus maîtres, qui, dans toutes les villes allemandes, dispensent leur mince savoir à tant de *gros* par heure, n'ont été jusques-là, dans leur pays natal, que des soldats, des laquais ou des perruquiers, dont un peu de jargon, étayé de beaucoup d'impudence, fait aujourd'hui tout le mérite chez l'étranger.

Il seroit injuste de confondre tous les maîtres dans la même cathégorie; et je dois m'en défendre plus que tout autre, puisque les divers emplois qui me sont confiés me mettent dans le cas d'en connoître, qui ne sont pas moins estimables par leurs moeurs que par leur savoir. Mais, à quelques exceptions près, il est bien certain que les *lettrés* de cette classe ne sont guères propres à maintenir la pureté des langues, allemande et françoise, en Allemagne.

Dans les pensions, les colléges, les universités, même les plus célèbres, ils sont très-médiocres; et cela vient de l'extrême modicité de leurs salaires. Les professeurs, en général, y sont encouragés, honorés, bien payés. Les simples maîtres n'y sont regardés que comme des hommes de la condition la plus abjecte, dont, à la rigueur, on pourroit se passer, et qui doivent s'estimer trop heureux de ne pas mourir de faim. Aussi, n'y a-t-il que des sujets sans talens, sans lumières ou sans ressources, qui embrassent cet état pénible et humiliant; et comme on ne les nourrit que de *son*, ils servent le public en conséquence.

Que dirai-je de ce qu'on appelle vulgairement *demoiselles françoises?* Ce sont, pour l'ordinaire, des filles ou des femmes, qu'on fait venir, tantôt de suisse et tantôt de France, ou qu'on prend dans les familles françoises, établies en Allemagne depuis le refuge. Il est peu de maisons nobles et aisées, où l'on n'en trouve. Elles y dirigent l'éducation des jeunes personnes de l'un et de l'autre sexe, sous le titre de *gouvernantes;* et leur fonction principale est de leur apprendre la langue françoise.

Mais, comme on ne peut enseigner aux autres que ce qu'on sait soi-même, et que ces gouvernantes sont presque toutes de la plus honteuse ignorance, les enfans se gâtent auprès d'elles, au lieu de se former: ils contractent tous les vices d'un jargon ridicule et barbare, dont

dont il ne leur est plus possible dans la suite de se défaire.

Après quelque essais de ce genre, ces sortes d'institutrices, ont communément l'ambition de tenir des écoles publiques ou des pensions, non seulement parce qu'alors elles sont plus indépendantes, mais encore parce que c'est un moyen bien plus sûr de se procurer un bien-être. On les compteroit par centaines dans plusieurs grandes villes de l'Allemagne; et dans ce nombre prodigieux de pareils établissemens, à peine en trouveroit-on quelquefois deux ou trois, qu'une police vigilante et sévère dût tolérer.

Il résulte de cet exposé, que, tant que l'Allemagne ne prendra pas d'autres mesures pour avoir de plus habiles maitres de langue, de meilleures gouvernantes, des maîtres d'école et de pension plus instruits, la première éducation de l'enfance n'aboutira qu'à altérer de plus en plus la langue nationale. Mais il dépend des gouvernemens d'arrêter les suites de cette dégradation; et il est digne de leur patriotisme de l'entreprendre.

III°. Enfin (et la vérité de cette dernière observation ne sera pas contredite), dans la plûpart des villes de l'Allemagne, il est, ce me semble, du bon ton et du bel usage, de mêler sans cesse, dans les conversations familières, l'allemand et le françois, et de se servir alternativement de l'un et de l'autre. Les personnes même d'un certain ordre attachent à ce mélange une sorte d'importance, comme étant le fruit et le résultat de l'éducation distinguée qu'elles ont reçue.

Quant à celles, qui ne sont pas en état de soutenir une conversation en françois, et qui, néanmoins, connoissent les termes les plus usuels de la langue, elles affectent, à tous propos, de les faire entrer dans leurs phrases allemandes. C'est une sorte de pédantisme, et tel, à peu près, que celui de ces demi-savans, qui, soit dans leurs discours, soit dans leurs écrits, ne manquent jamais d'étaler fastueusement leur petite érudition, et de placer partout des mots grecs et latins, que rien n'appeloit.

Faut-il s'étonner, que Leibnitz reproche cette puérile affectation aux prédicateurs et aux avocats de son temps? Quand le goût d'une nation est généralement faux et corrompu, les conditions, même les plus éclairées, en sont plus ou moins infectées; et si les vertus se communiquent de proche en proche, à plus forte raison les vices eux-mêmes doivent-ils porter partout avec eux la même contagion.

Quelle perte, et quelle ignominie ne seroit-ce point pour notre nation, si, par négligence, elle laissoit ainsi périr sa langue naturelle!

En thèse générale, on pourroit répondre: cette langue, est-elle supérieure à celles des peuples voisins? il y auroit de la *perte* et de *l'ignominie*, à ne pas en propager la culture, à ne pas en maintenir l'éclat et la durée. A-t'elle des défauts essentiels, et peut-être incorrigibles, que les autres n'ont pas? il n'y auroit que du gain et de la sagesse, à choisir, de préférence, parmi celles-ci. Mais il est une autre question, bien plus susceptible d'une discussion philosophique et approfondie.

Leibnitz, dans ce passage, paroît avoir eu pour principe, que chaque nation indépendante doit avoir sa langue propre, comme elle a ses lois, ses moeurs, ses coutumes, son administration particulière.

Cela existe, et a toujours existé; je n'en disconviens pas: car, si dans un même royaume, il se forme souvent une infinité de dialectes, et si, plus les provinces s'éloignent du centre de la domination, plus le langage populaire offre de différences, il est bien plus naturel encore, que des peuples, dont la politique est de s'isoler les uns des autres, comme devant tous se haïr, se fassent des langues qui leur soient propres.

Nous avons tous les mêmes sens, les mêmes organes: mais les objets ne nous affectent pas tous de la même façon; et moins nous avons de facilités pour nous communiquer réciproquement nos sensations et nos idées, plus nous différons par la manière de voir les objets et de les énoncer.

C'est de-là qu'il faut partir, pour avoir la mesure du rapprochement ou de la distance respective des langues connues. Celles de deux états voisins doivent nécessairement avoir beaucoup d'expressions et de tournures en commun, parceque les deux peuples sont plus ou moins réunis par les liens du commerce. Mais comparez les langues de deux autres nations, qui n'ont aucune communication entr'elles: vous n'y retrouvez presque plus aucune ressemblance; et c'est ainsi que, dans les mêmes familles, on voit disparoître, de génération en génération, ces traits si marqués, ces caractères d'uniformité si frappans, qui, dans le premier degré de consanguinité, portent l'illusion à un tel point, qu'on a quelquefois bien de la peine à distinguer des frères entr'eux.

Rien n'est plus merveilleux, j'ose le dire, que cette multiplicité incalculable de langues, que le génie de l'homme a produites et doit produire encore. Combien, que de grands peuples ont autrefois parlées, et dont il ne reste plus de vestiges? combien, qui seroient également éteintes et perdues pour nous, si les manuscrits des savans et l'imprimerie ne nous en avoient, au moins, conservé les signes muets? combien, que les générations actuelles parlent et perfectionnent sur toute la surface de la terre, et dont les hommes les plus instruits parmi nous n'ont pas même les premières notions? combien, enfin, dont l'existence n'est encore au rang que des choses possibles, et qui, tôt ou tard, sortiront du néant où elles sont ensevelies?

Ici, l'esprit humain m'étonne par sa fécondité: j'admire avec ravissement toute la grandeur de ses productions: et c'est apparemment, en se livrant à cette contemplation, si digne de la philosophie, qu'Horace écrivoit:

ut sylvae foliis pronos mutantur in annos,
prima cadunt: ita verborum vetus interit aetas,
et juvenum ritu florent modo nata vigentque.
Debemur morti nos, nostraque: sive receptus
terra Neptunus, classes aquilonibus arcet,
regis opus, sterilisque diu palus aptaque remis
vicinas urbes alit, et grave sentit aratrum:
seu cursum mutavit iniquum frugibus amnis,
doctusiter melius; mortalia facta peribunt;
nedum sermonum stet honos et gratia vivax?
Multa renascentur, quae jam cecidere, cadentque
quae nunc sunt in honore vocabula, si volet usus.

Mais quoique ce soit une chose inévitable que les langues ne se multiplient à l'infini, il n'est pas moins vrai cependant qu'il seroit à désirer, que cet obstacle à la libre communication des hommes et des empires n'existât point, et qu'il est affligeant pour l'humanité qu'une langue universelle ne soit qu'une chimère.

Qu'on y fasse attention: l'adoption d'une autre langue entraine régulièrement la perte de la liberté, et nous jette sous un joug étranger.

Cette pensée me semble plus spécieuse que solide; et je ne vois pas trop, comment *la liberté* des Russes, par exemple, seroit compromise, si, dans leur empire, on *adoptoit* la langue françoise ou la langue allemande.

Il n'y a, sur cette hypothese, qu'une seule vérité qu'on ne peut contester: c'est que deux peuples, qui parlent la même langue, ont naturellement plus de penchant, comme plus de facilité, à communiquer ensemble, qu'ils n'en ont, (toutes choses d'ailleurs égales) à former, à entretenir des liens de commerce et d'amitié avec ceux, dont ils sont séparés par la différence de leurs idiomes.

Ainsi, en admettant que la Grande-Bretagne et l'Amérique septentrionale, qui forment aujourd'hui deux Etats libres et indépendans, ne sont pas plus divisés entr'eux par leurs intérêts politiques, qu'ils ne le sont de tous les autres Etats de l'Europe, la conformité des langues est, sans contredit, pour les Américains et pour les Anglois, un égal et très-puissant motif de rapprochement et de préférence.

La suite du passage d'une langue à une autre seroit une confusion inévitable dans toute la nation, qui dureroit peut-être des siecles.

Une pareille adoption seroit libre ou forcée.

Dans le premier cas, il est impossible de supposer, qu'elle fût universelle; et l'exemple de la France suffit pour le prouver. Il n'est aucune contrée de ce royaume, où les hommes, qui ont reçu quelque éducation, ne parlent le françois; et, cependant, le peuple de la plûpart des provinces et des campagnes conserve encore son ancien dialecte, ou continue de se faire graduellement un nouveau jargon, à sa manière: car le langage populaire, tout barbare qu'il est, éprouve lui-même ses variations, comme les langues perfectionnées.

Or, alors, la *confusion* dont parle Leibnitz, pourroit bien durer des siecles: mais elle n'entraîneroit pas d'autres désordres, que ceux, qui sont la conséquence nécessaire de l'ignorance, dans laquelle on laisse croupir partout jusqu'ici, cette nombreuse classe de citoyens, quoique si digne, à tous égards, de la sollicitude et des bienfaits de l'administration.

Dans le second cas, à quoi se borneroit l'autorité des gouvernemens? à commander que tous les actes publics se fissent désormais dans la langue adoptée; et c'est ce qui est arrivé en France, sous le regne de Francois I: car, il est de principe, que, par rapport aux actes privés, qui n'intéressent en rien l'ordre général de la société, le gouvernement n'a jamais que la voie de l'invitation, de la persuasion et de la douceur.

Or, alors encore, la *confusion* que Leibnitz nous présente comme si dangereuse, pourroit bien amener d'abord quelques inconvéniens; mais elle ne seroit que très-passagère, et, en quelque sorte, momentanée, si d'ailleurs la nation en général avoit des lumières. Car, tel est l'homme: il n'a besoin, pour vaincre les plus effrayantes difficultés, que d'être mû par de grands motifs ou par la loi impérieuse de la nécessité:

nil mortalibus arduum est.

L'incertitude, avec laquelle on parleroit et écriroit, répandroit l'obscurité sur toute matière; et l'ignorance reprendroit son empire en Allemagne: car est-il possible de bien écrire, et de bien exprimer ses idées dans une langue, dont on ne connoît point la valeur des termes?

Non, assurément. Aussi, l'objet essentiel de l'étude des langues étrangères, comme des langues mortes, n'est-il que de pouvoir lire tous les bons auteurs de ces langues.

Je conviens qu'il est très-agréable, dans certaines occasions, d'être en état de les parler, et, quand il le faut absolument, de s'en servir dans des écrits qui sont sans conséquence. Mais je dis, en même temps, que jamais un homme sage, un écrivain jaloux de sa réputation, ne sacrifiera sa propre langue, s'il la possede parfaitement, à un idiome étranger, dont il n'a pas acquis la connoissance la plus approfondie, dont il est incapable de sentir toutes les finesses, dont les différentes expressions ne lui sont pas assez familières, pour en faire toujours l'usage et l'emploi qu'exige son génie particulier; ou que, par uue conduite contraire, il s'expose à devenir l'objet de la censure la plus amère et de la dérision publique, si ses succès en ce genre ne justifient ses prétentions.

Quand je m'entretiens, en françois, avec un Allemand, je dois lui savoir gré de se prêter à mon ignorance. Je ne puis m'exprimer dans sa langue; et il a la bonté d'emprunter la mienne: il y auroit donc de l'injustice et du ridicule même de ma part, à le juger avec sévérité. Je l'écoute avec indulgence: j'excuse sans peine toute expression louche, équivoque, incorrecte, qui peut lui échapper; et je cherche ce qu'il veut me dire, au lieu de m'arrêter à ce qu'il me dit.

Mais si je m'apperçois, que, pour avoir étudié le françois aveo quelque soin, il est assez vain, assez présomptueux pour se persuader, qu'il s'exprime dans cette langue avec pureté, correction, élégance: si, surtout, je vois, que dans des écrits qu'il veut faire passer à la postérité, il lui donne la préférence sur celle qu'il a parlée toute sa vie, et dans laquelle il est accoutumé de penser; je ne retrouve plus en lui que l'homme à prétentions; et je le juge avec la plus extrême rigueur. Je pèse toutes ses expressions; je combine toutes ses phrases: j'observe exactement toutes ses tournures: et comme ce n'est plus la nécessité qui le force d'employer le même idiome que moi, je suis d'autant plus choqué de ses défauts, qu'ils sont volontaires, et qu'il ne tenoit qu'à lui de s'en garantir.

De ces observations, je conclus qu'on a pris un très-sage parti dans notre Académie des sciences et belles-lettres, d'après l'avis de M. le comte de Hertzberg, en arrêtant, qu'à l'avenir les académiciens allemands auront la liberté de faire imprimer dans notre recueil leurs mémoires, dans leur langue même, et sans être obligés, comme autrefois, de les faire traduire en françois.

Il pourra arriver, que ce précieux recueil sera moins recherché en France, en Angleterre, en Hollande, en Italie et ailleurs, qu'il ne l'a été jusqu'à présent; parceque la langue allemande y est beaucoup moins répandue que la françoise: mais aussi, on n'y trouvera plus de ces mémoires, presque gothiques, qu'on ne lisoit qu'avec dégoût, tant le style en étoit vicieux et insoutenable.

Les langues ne reçoivent d'altération ou de changement, que par les irruptions dans des temps d'anarchie, et par les conquêtes que fait dans un pays une nation étrangère.

C'est ainsi que les Romains porterent leur langue dans la Gaule, dans plusieurs contrées de la Germanie, et dans tous les pays, dont leurs armes victorieuses soumirent les peuples à leur domination.

Mais c'est, surtout, lorsque les Etats éprouvent de ces grandes révolutions, qui brisent à la fois et avec éclat tous les ressorts des gouvernemens établis, que les langues *s'alterent*; que, quelquefois même, elles *changent* entiérement. Au milieu des agitations et des secousses violentes, que produit nécessairement *l'anarchie*, tous les esprits s'exaltent, s'échauffent, s'électrisent: et, alors, selon que les nations sont barbares ou policées, selon que l'ignorance ou les lumières, le bon ou le mauvais goût sont répandus, dans toutes les conditions; enfin, selon que les effets, qui résultent de cette désorganisation sociale, sont avantageux ou funestes à la liberté; les langues s'enrichissent ou s'appauvrissent, s'ennoblissent ou deviennent serviles, se perfectionnent ou se dégradent.

Tel est le spectacle que nous offre la France depuis quelques années. La langue nationale, ainsi que je l'ai remarqué ci-devant, est à peine reconnoissable. Elle a fait jusqu'ici, je l'avoue, des progrès étonnans. Elle étoit pauvre; et elle s'est enrichie, presque tout d'un coup, d'une infinité d'expressions nécessaires qui lui manquoient: elle étoit timide et pusillanime; et elle a pris un essor dont on ne soupçonnoit pas même qu'elle fût capable: elle étoit souvent asservie à de vaines formules, qui n'étoient propres qu'à la rendre lâche et traînante; et elle se montre aujourd'hui avec une telle franchise, que nulle autre langue n'est peut-être plus digne d'un peuple libre. Mais où s'arrêtera-t'elle dans son élan? Elle a secoué le joug, que lui imposoit une excessive et puérile délicatesse: ira-t'elle jusqu'à méconnoître les lois immuables et éternelles du goût, et jusqu'à n'en vouloir plus admettre que d'arbitraires?

Je suis d'un oeil très-curieux ses variations; et je ne les vois encore que favorables à ses progrès. Mais je n'oserois affirmer, qu'elles n'ameneront pas, tôt ou tard, sa décadence. Les événemens ultérieurs de la révolution en décideront; il faut les attendre.

Pour empêcher les grandes inondations et les violens débordemens d'un fleuve rapide, on ne lui oppose pas tout-à-coup de fortes digues et des remparts, mais plutôt des obstacles, qui en cédant d'abord, s'affermissent peu-à-peu. On eût dû faire précisément la même chose au sujet de notre langue: car, pourquoi vouloir arrêter d'un seul coup le cours du mal, proscrire tous les mots étrangers, et ceux-même qui y étoient adoptés?

La manière dont s'énonce Leibnitz n'est pas assez claire, pour déterminer précisément quelle a été son opinion sur la *proscription des mots étrangers.* Il paroît néanmoins, quil n'en regardoit le projet que comme *bon à certains égards*, ainsi qu'il s'exprime lui-même à la suite de ce passage, et non comme rigoureusement nécessaire.

Quelques-uns de ceux, qui s'occupent aujourd'hui de la réformation de leur langue, ne montrent pas, à beaucoup près, la même indécision; et à juger, par leurs premiers essais, de ce qu'ils entreprendront à l'avenir, ils ne se proposent rien moins, que de faire main-basse sur tous les termes, qui sont empruntés, sinon du grec et du latin, du moins, du françois: car, cette dernière langue est celle de toutes, à laquelle ils répugnent le plus d'être redevables.

Mais qu'ils veuillent bien me permettre de leur représenter, que jamais aucune langue n'a été formée uniquement de mots indigenes; qu'il est naturel à tout peuple, qui manque de certaines expressions nécessaires, de les emprunter de ses voisins, ou de les puiser dans les langues mortes; que c'est ainsi qu'on en a toujours usé dans tous les pays de la terre; que, par conséquent, il y auroit bien peu de philosophie à penser, que la gloire de la nation allemande puisse dépendre de l'expulsion de tout terme, qu'elle n'a point créé elle-même.

Horace, l'oracle du bon-sens et du goût, écrivoit, il y a 18 siecles, dans son art pöetique:

> Si forte necesse est
> indiciis monstrare recentibus abdita rerum,
> fingere cinctutis non exaudita Cethegis
> continget, dabiturque licentia sumpta pudenter;
> et nova fictaque nuper habebunt verba fidem, si
> graeco fonte cadant, parce detorta.

Ces vers méritent d'être profondément médités par ceux de nos académiciens allemands, qui vont travailler à l'amélioration de leur langue. Ils sentiront, que, si les Romains, quoique portant le patriotisme et l'amour de la gloire aussi loin qu'aucun autre peuple, ne rougissoient pas d'emprunter des Grecs les mots qu'ils n'avoient pas, et dont ils ne pouvoient se passer, ce seroit, de leur part, une bien fausse honte, à ne pas se servir librement de ceux qu'ils doivent aux nations rivales. Mais ils apprendront, en même temps, comment il leur importe *d'habiller* ces mots, si j'ose m'exprimer de la sorte, pour les faire accueillir favorablement; et c'est jusqu'ici, la seule chose essentielle, qu'ils ont à se reprocher d'avoir négligée.

Les Latins, en faisant passer des mots grecs dans leur langue, commençoient par les *naturaliser;* et les François, qui ont pris eux-mêmes une grande partie de leurs expressions chez les Latins, ont suivi la même marche: ils les ont légérement altérées, *parce detorta,* c'est-à-dire, qu'ils leur ont donné la terminaison, qui étoit la plus conforme au génie de la langue françoise.

Voilà en quoi les Allemands, à leur tour, doivent s'efforcer de réussir. Il ne faut pas, que les termes grecs, latins, françois et autres qu'ils ont adoptés, continuent d'être maintenus dans leur forme primitive et originaire; ce qui produiroit à jamais une disparate choquante: mais s'ils consultent uniquement la perfection de leur langue, au lieu de s'amuser puérilement à expulser de leur vocabulaire tous ces mots étrangers, ils borneront leurs soins à les *habiller* à l'allemande.

Si on vouloit aujourd'hui penser un peu plus en allemand, et s'intéresser davantage à la gloire de la nation et à la perfection de notre langue, qu'on ne l'a fait jusqu'ici, on pourroit changer le mal en bien, et tirer avantage de nos malheurs même; et, en cherchant à faire revivre les moeurs de nos pères, nous pourrions les orner et les embellir des dépouilles des François et des autres nations.

On reconnoît, dans ce conseil, le bon patriote et le sage. Toute nation policée a de bonnes institutions; et dans ses coutumes, ses usages, ses moeurs, il y a presque toujours des choses particulières, qui doivent fixer l'attention des observateurs, et qui sont dignes d'être imitées de tous les autres peuples. Pourquoi rejeter dédaigneusement et sans examen ce qui est étranger, comme s'il étoit mauvais? pourquoi ne pas s'approprier, au contraire, tout ce qu'on découvre ailleurs d'excellent, et qui peut aisément s'adapter à sa propre constitution et à son génie?

C'est encore là, ce qu'Horace disoit aux Romains, au sujet de leur langue:

> Quid autem
> Caecilio Plautoque dabit Romanus, ademptum
> Virgilio Varioque? Ego cur acquirere pauca
> si possum invideor? quum lingua Catonis et Ennî
> sermonem patrium ditaverit, et nova rerum
> nomina protulerit?

Quand un objet quelconque est à ma convenance, ou qu'il remplit toute l'étendue de mes besoins, je n'examine pas d'où il tire son origine: je le sépare de tout ce qui lui est étranger; je je ne vois en lui que lui-même: et, si j'en ai le pouvoir, je m'empresse de m'en saisir, parce que mon intérêt ou ma satisfaction me détermine invinciblement à m'en assurer la jouissance.

Livrons-nous à cette impulsion de la nature, surtout en matière de langues; et ne craignons jamais d'aller chercher les richesses, dont nous sommes privés, dans tous les lieux de la terre, qui peuvent nous les offrir. Conquérir, en ce genre, sur toutes les nations étrangères, c'est mériter, bien plus que les triomphateurs de l'ancienne Rome, de rentrer avec gloire dans sa patrie, chargé des dépouilles de l'orient,

spoliis orientis onustum.

Fouillez dans les archives modernes des affaires politiques de Ratisbonne et d'autres endroits; vous y trouverez une infinité de choses, qui donneront un éclat brillant à notre langue.

Il faut croire, que, du vivant de Leibnitz, la diète germanique réunissoit dans son sein les plus illustres personnages des divers Etats de l'empire.

Mais quelque idée qu'on se fasse encore aujourd'hui des *archives de Ratisbonne*, de ce vaste dépôt de mémoires, de requêtes, de délibérations, de statuts, de décrets, il est, n'en doutons pas, de bien meilleures sources à consulter pour ceux, qui veulent enrichir et perfectionner leur langue: ce sont les excellens ouvrages, qui, depuis un demi-siècle principalement, ont élevé les Allemands au rang des premières nations de l'Europe.

Combien d'écrivains estimables, et dans les sciences et dans la littérature! Berlin seul en compte un très-grand nombre, dont les productions sont recherchées des peuples les plus éclairés, qu'on traduit dans toutes les langues, et qu'on regarde généralement comme de vrais modèles en fait de style. Notre Académie, en particulier, a la gloire d'en posséder plusieurs, qui, à la profondeur de la science et à l'analyse du raisonnement, joignent toutes les grâces et tout le brillant de l'élocution.

Je ne connois pas assez la composition actuelle de la diète de l'empire, ni l'ordre et les formes qui s'y observent, pour juger, si, depuis Leibnitz, les richesses littéraires de ses archives sont augmentées, et méritent encore autant d'être consultées. J'oserai, cependant, me permettre deux observations.

La première, c'est qu'il est bien absurde, qu'il faille que les affaires politiques, qui intéressent le corps électoral se traitent en langue latine; et que, suivant d'anciennes transactions avec les puissances étrangères, on doive correspondre dans cette même langue avec le chef de l'empire et son collège suprême.

Je ne m'attacherai point à combattre la prétention qu'ont les Allemands d'écrire supérieurement en latin. Il ne me seroit pas bien difficile de prouver, que nous ne sommes pas juges compétens en cette matière; que, si l'on peut réussir encore à entendre assez parfaitement cette langue morte, pour lire avec fruit les grands modèles de l'ancienne Rome, on n'en possède pas assez le génie, pour l'écrire avec pureté et correction; et que ce qui démontre invinciblement, combien est barbare la latinité de nos écrivains modernes, c'est, qu'en lisant tour-à-tour leurs écrits, et ceux du siècle d'Auguste, on comprend ceux-ci sans effort, tandis qu'on ne parvient à saisir les autres, qu'en mettant, pour ainsi parler, son esprit à la torture.

Mais je dirai, que ce n'est pas en s'asservissant à d'antiques protocoles, qui ne sont plus aujourd'hui que ridicules, qu'on accélérera les progrès de la langue allemande. Ne seroit-il pas infiniment plus sage et plus patriotique, d'employer l'idiome du pays même dans des affaires, où l'obscurité, l'impropriété des termes, peuvent répandre tant de confusion, et devenir si nuisibles à l'intérêt général et particulier?

J'ajouterai, que non seulement la diète germanique devroit substituer l'allemand au latin dans ses actes, mais que les gouvernemens des divers Etats de l'empire devroient étendre la même loi à toutes les universités, à tous les colléges. On enseigne plusieurs sciences en latin: on imprime des programmes latins: on prononce des discours latins: et l'on croiroit presque, que, dans toute l'Allemagne, on rougit de se servir de la langue nationale.

Il est très-nécessaire, je ne le nie pas, que le latin et le grec continuent d'être cultivés dans les écoles publiques. Ce seroit une perte immense et irréparable, si jamais ces deux langues savantes étoient abandonnées: mais il faudroit se borner, selon moi (et je ne crains pas de le répéter), à les faire apprendre à la jeunesse, uniquement, pour lire les bons auteurs de l'ancienne Grèce et de Rome.

La seconde observation, que j'ai à faire *sur les archives de Ratisbonne,* que Leibnitz nous présente comme une source féconde de richesses pour la langue allemande, c'est qu'en général les ouvrages, qui sont relatifs à l'administration politique ou civile des Etats, sont encore trop infectés de raisonnemens captieux et alambiqués, pour fournir d'abondans matériaux à l'amélioration de nos langues modernes. Ce n'est pas que les bons principes ne soient, plus ou moins, répandus par-tout dans le siècle présent: mais l'intérêt personnel les altère presque toujours; et comme c'est lui qui a engendré l'art sophistique, c'est encore lui qui le perpétue.

La base d'une langue est dans les mots, dont se forment les phrases, les expressions : d'où il s'ensuit, que le travail principal et le plus nécessaire, relativement à la perfection de notre langue, consisteroit dans la revue, et dans l'examen de tous nos mots.

Leibnitz indique ici aux lexicographes deux opérations, aussi pénibles que longues, mais, en même temps, d'une nécessité indispensable. Il faut d'abord, qu'ils fassent la recherche de tous les mots dont la langue est composée, quels qu'ils puissent être ; et ensuite, qu'ils examinent ces différens mots, pour en fixer avec précision la valeur, et pour les distribuer dans les classes auxquelles ils appartiennent.

Mais Leibnitz n'ayant pas tracé lui-même la marche qu'il importe de suivre dans ces deux immenses opérations, soit pour s'épargner beaucoup de travail, soit pour y procéder avec plus d'ordre et de méthode, je vais tenter de suppléer au silence de ce grand homme, et exposer sur ce sujet quelques idées, qui ne seront peut-être pas sans utilité pour ceux de nos Académiciens, à qui l'entreprise d'un nouveau dictionnaire de la langue allemande a été spécialement confiée.

Je suppose qu'ils sont au nombre de quinze pour remplir cette tâche.

I°. Ils doivent commencer par convenir entr'eux, de quelle nature de mots chacun d'eux veut uniquement s'occuper, et se partager en cinq classes, également composées de trois collaborateurs.

L'une, par exemple, choisira tous les *noms propres et individuels*, destinés à représenter *les choses réelles* ou *existantes*, sans distinction de genres et d'espèces.

L'autre, tous les *noms substantifs*, appellatifs ou génériques et collectifs, qui ont été créés pour énoncer les différentes *abstractions de l'esprit.*

La troisième, tous les *noms adjectifs*, qui expriment les *attributs* ou les *qualités*, que peuvent recevoir les divers objets de nos connoissances, soit réels, soit abstraits ou métaphysiques.

La quatrième, tous les *verbes*, tant réguliers qu'irréguliers, actifs, passifs et neutres, en y joignant tous *les participes* qui en dérivent, ainsi que les verbes, substantif et auxiliaire.

La cinquième, les *pronoms*, les *articles*, les *prépositions*, les *conjonctions*, les *interjections* ou *particules* et les *adverbes*.

II°. Cette recherche de tous les mots de la langue, pour être aussi exacte qu'elle peut l'être, exige, non seulement, qu'on fasse la révision la plus scrupuleuse de tous les dictionnaires qu'on a déjà; mais encore, qu'on lise avec une égale attention, la plume à la main, et dans les différens genres des sciences, de la littérature et des arts, les meilleurs ouvrages qu'à produits jusqu'ici l'Allemagne, et ceux-même qui ont paru dans les siècles les plus reculés.

Les membres de la société lexicographique doivent donc, selon les espèces des mots qu'ils sont appelés à recueillir, se partager entr'eux, d'avance, les livres dont ils ont à faire le dépouillement.

Ils assigneront, aux uns, ceux qui appartiennent aux genres, noble, gracieux et orné; aux autres, ceux qui sont écrits dans les genres, simple, familier et badin; à quelques-uns, les ouvrages de poésie, d'éloquence et d'histoire; à quelques autres, les ouvrages de philosophie, de sciences exactes et de droit public.

Ils embrasseront, en un mot, dans ce partage des livres à consulter, l'universalité des connoissances humaines; et, par-là, ils parviendront, en moins de temps peut-être qu'on ne le pense, à compléter entiérement leur vocabulaire, chacun, dans la partie qui lui aura été individuellement affectée.

» Le travail que vous proposez (me dira-t'on) » est tel, qu'il ne peut que glacer d'effroi ceux » qui auront le courage de l'entreprendre. « Je conviens, qu'il doit étonner, au premier apperçu, par son immensité. Aussi n'est-il pas ici question d'un seul homme, mais d'une société de savans et de littérateurs.

D'ailleurs, qu'on veuille se rappeler un Du

Cange, par exemple; et d'après lui, qu'on juge de quoi est capable un homme actif, constant, infatigable, qu'embrâse l'amour de la gloire et de la patrie, qui ne vit et ne respire que pour les sciences, qui fait consister son bonheur à éclairer ses semblablas.

III°. Tous les mots de la langue, ainsi recueillis indistinctement, et distribués selon l'ordre alphabétique, nos lexicographes doivent en faire l'examen le plus approfondi.

Cet examen aura pour objet la signification, la valeur précise de chacun d'eux, et leur distinction bien exacte, comme nobles ou bas, familiers ou burlesques, oratoires ou poétiques; comme indigènes ou étrangers, vieux ou nouveaux, du bon ou du mauvais usage; comme simples ou composés, primitifs ou dérivés, augmentatifs ou diminutifs; enfin, comme en vogue seulement dans quelques Etats, dans certaines contrées particulières de l'empire.

IV°. Ils tâcheront ensuite de séparer, des mots usuels et d'un usage universel, ceux qu'on appelle *techniques*, et qui n'appartiennent qu'à telle ou telle science, à tel ou tel art; de déterminer avec justesse la différence de tous les termes, qu'on emploie tour-à-tour, et selon les circonstances, ou dans le sens propre, ou dans le sens figuré et métaphorique; de rassembler, enfin, sous le même aspect, les différentes expressions de la langue, qui d'abord paroissent *synonymes*, mais qui, après avoir été bien discutées, offrent des nuances fines et délicates, qui, variant plus ou moins leur signification, les rangent dans des classes particulières.

Afin d'introduire, dans cette entreprise, le plus d'ordre qu'il est possible, je dirai qu'il faudroit la réduire, au moins, à trois ouvrages particuliers, dont l'un ne contînt que les mots d'usage, l'autre, les mots des arts, le troisième, tous les vieux mots, ceux des provinces, et autres, qui conduisent à la découverte des étymologies: le premier s'appelleroit dictionnaire ou lexicon: le second, trésor de la langue; et le troisième, source de la langue ou glossaire.

Parmi les excellentes choses, que renferment les considérations de Leibnitz, celle-ci est peut-être la plus importante. C'est à ceux, qui se disposent à remplir ses vues, relativement à la langue allemande, de réfléchir mûrement sur cette division. Plus ils la soumettront à leur discussion, plus ils se convaincront de l'indispensable nécessité de s'y conformer. Elle est naturelle, juste, et propre à lever une foule d'obstacles au succès de leur entreprise. S'ils s'en écartent, je leur prédis d'avance, qu'ils ne feront qu'un mauvais ouvrage, ou, du moins, aussi mal conçu, aussi peu raisonné, que la plupart de ceux qui existent.

Ce que Leibnitz demande d'abord à ceux, qui voudront consacrer leurs soins à l'amélioration de leur langue, c'est un *dictionnaire* ou *lexicon.*

Mais, avant que d'entreprendre ce travail, il est expédient de déterminer, ce qui doit entrer dans un pareil ouvrage, et ce qui doit en être écarté.

I°. Il n'est, selon moi, qu'une seule espèce de mots qu'il faille y admettre, celle des mots usuels, ou dont on fait universellement usage dans tous les entretiens, dans tous les écrits, de quelque genre qu'ils puissent être, et qui sont compris dans ce qu'on appelle communément les *parties d'oraison*, comme articles, noms, pronoms, nombres, verbes, adverbes, prépositions, conjonctions, interjections ou particules.

II°. Il faut que tous ces mots n'y soient présentés que selon leur valeur primitive: jamais surtout, il ne doit y être question de *synonymie.*

Assurément, peu d'ouvrages sont plus propres à répandre le goût, que ceux, qui, rapprochant les diverses expressions d'une langue, dont, au premier apperçu, la signification paroît être la même, en déterminent néanmoins avec précision et netteté les différentes nuances, et les font sentir aux lecteurs par des exemples choisis avec soin.

Quel bien n'ont pas fait à la littérature françoise les *synonymes* de M. l'abbé Girard? et quel écrivain, quel homme même qui se pique de bien parler sa langue, ne possède pas cet excellent livre, pour le consulter au besoin, ou, plutôt, pour le lire et relire sans fin.

Combien ne sont pas encore recherchés les ouvrages, qu'ont produits, après lui, dans le même genre, Mrs. d'Açard, Beauzée et Roubaud?

J'oserois presque porter le même jugement de l'utilité de ceux, où l'on établit avec exactitude et justesse la différence des termes, selon qu'on les emploie dans leur sens propre ou dans leur sens figuré.

Mr. Du Marsais a exécuté cette entreprise dans son traité des *tropes;* et si cet ouvrage estimable a été méconnu dans son origine, de quelle réputation ne jouit-il pas aujourd'hui? On le lit beaucoup moins que les *synonymes*, parceque la lecture en est moins agréable: et cependant il n'est guères moins utile.

Mais ce n'est point à de simples lexicographes qu'il convient d'embrasser les *synonymes* et les *métaphores*. Ils ne pourroient discuter les premiers, qu'en s'exposant à mille redites, ni avoir assez de latitude, pour y joindre les exemples nécessaires au développement de la théorie de leurs distinctions; et *les métaphores* leur causeroient encore plus d'embarras: car, les termes, dont on peut se servir en sens figuré, ne sont pas seulement infinis; on n'en apprécie la bonté ou la beauté, qu'en les rapprochant des objets de comparaison et des circonstances particulières qui les ont fait naître; et il seroit ridicule de remplir de dissertations de littérature et de philosophie un dictionnaire de mots.

III°. Il faut encore en exclure toutes les expressions, qui ne sont que *techniques:* et cette exclusion me semble principalement fondée sur deux raisons, également décisives.

La première, c'est que chaque art, chaque science, chaque profession méchanique, ayant ses mots particuliers, pour désigner, tantôt ses opérations, tantôt les effets des causes ou des instrumens qui sont à son service, tantôt même les objets de ses spéculations, et tous ces mots techniques ne devant guères être employés que par une certaine classe d'écrivains et d'individus, il est peu raisonnable, et presque inutile, de les faire entrer dans un dictionnaire, qui, par sa nature, est destiné à l'universalité des citoyens ou membres de la même société.

Que toutes les sciences aient leur vocabulaire technique; à la bonne heure: il est avantageux, il est nécessaire même, quand on veut s'adonner tout entier à un art quelconque, d'avoir sous la main le dépôt universel des mots qui composent sa langue particulière.

Ainsi, un physicien, un méchanicien, un géometre, un algébriste, un chimiste, un botaniste, un pharmacien, un anatomiste, un médecin, etc. peut et doit avoir son propre vocabulaire. Il tâche d'abord de se le rendre familier, pour se mettre en état de faire des progrès plus rapides dans la théorie de l'objet de sa profession; et si, dans la suite, il rencontre quelque expression, qui lui soit inconnue, ou dont il ait oublié la valeur, il ouvre son petit dictionnaire; et il la trouve.

La seconde raison, pour ne pas confondre les mots *techniques* avec ceux d'un usage universel, c'est que, les sciences et les arts faisant tous les jours de nouveaux progrès, et par conséquent, la collection n'en pouvant être encore faite que très-incomplétement, il est bien plus sage de ne la former que d'après une sorte de division spécifique, que de mêler tous ces termes d'arts indistinctement dans un seul et même dictionnaire.

Par ce moyen, en effet, il seroit plus facile aux artistes et aux savans d'étendre, d'enrichir la nomenclature des arts et des sciences, chacun dans le genre auquel il se seroit attaché, et d'en faire disparoître graduellement les imperfections. Car, chaque dictionnaire n'étant que d'un très-médiocre volume, il ne seroit, ni embarassant d'en connoître parfaitement tout l'ensemble, ni dispendieux d'en publier de temps à autre des éditions nouvelles.

Ce dictionnaire des mots *techniques* est le second ouvrage, que Leibnitz sollicite les savans d'entreprendre; et je suis convaincu, comme lui, de la nécessité de le séparer entiérement de celui des *mots usuels.*

Mais mon opinion néanmoins diffère de la sienne en un point. Il paroît desirer, que tous les *termes d'arts* soient recueillis en un même corps d'ouvrage, sous le titre de *trésor de la langue.* Je voudrois, au contraire, qu'on distinguât si bien les différens genres des arts et des sciences, que chacun d'eux eût son vocabulaire particulier.

Enfin, le troisième et dernier ouvrage, demandé par Leibnitz, est un glossaire, qui auroit pour titre *source de la langue,* et dans lequel les lexicographes allemands auroient soin de rassembler *les vieux mots, ceux des provinces et autres, qui conduisent à la découverte des étymologies.*

Cette entreprise, quoique d'une étendue effrayante, a été exécutée, en France, avec le plus grand succès, relativement au grec et au latin, par un seul homme de génie, le célèbre Du Cange. Il publia d'abord son *glossaire de la basse latinité,* (les bénédictins de la congrégation de St. Maur en ont donné depuis une nouvelle édition en 1733): et ensuite parut son *glossaire de la langue grecque*; ouvrage d'une érudition immense, et qui n'est pas moins estimable que le premier.

Le savant bénédictin Carpentier, de l'ordre de Cluni, éditeur du glossaire de Du Cange en 6 volumes in-*folio*, a mis au jour lui-même, en 1776, un supplément de 4 volumes, aussi in-*folio*; et l'on n'admire guères moins ses profondes recherches, que celles de son illustre prédécesseur.

Tels sont les modèles que les Allemands ont à se proposer.

Mais, ici encore, je crois être fondé à modifier l'opinion de Leibnitz. Son projet se borne à ce que l'on fasse un dictionnaire particulier des *vieux mots* et des *expressions provinciales*. J'en desire, comme lui, l'éxécution: mais je voudrois, en même temps, qu'on détachât de ce grand ouvrage tous les termes, qui appartiennent à la classe *des mots usuels*, et qu'on en enrichît le lexicon. J'ai déjà montré, quel parti un habile écrivain sait quelquefois tirer d'une expression, qui n'est plus du bon usage, ou qui n'est usitée que dans quelques contrées d'un même empire.

Le succès des françois a été heureux dans les trois sortes d'ouvrages dont nous avons parlé.

C'est ainsi qu'un grand homme s'élève au

dessus des petites passions, qui subjuguent les hommes médiocres: il rend justice à une nation rivale, avec la même franchise et la même bonne-foi, que s'il étoit question de la sienne propre. La jalousie est le vice des ames basses; et c'est l'un de ceux, qu'on devroit, au moins, cacher avec le plus de soin, ne fût-il que l'indice certain de l'infériorité, en quelque genre que ce puisse être.

L'Académie Françoise a déjà tenu sa promesse, en mettant au jour son dictionnaire des mots d'usage.

Si Leibnitz approuva ce dictionnaire dans sa naissance, à plus forte raison lui eût-il accordé son suffrage, s'il eût assez vécu, pour le voir, tel que nous l'avons aujourd'hui.

La première édition est de l'année 1694. Les mots y sont rangés *par racines;* c'est-à-dire, que les mots dérivés ou composés y sont placés à la suite des mots primitifs, soit qu'ils tirent leur origine de la langue françoise elle-même, soit qu'ils aient été empruntés du latin ou de quelque idiome étranger.

C'est celle dont parle Leibnitz; car la seconde est de l'année 1718; et ce grand homme étoit mort en 1716.

Tout est changé dans celle-ci, excepté l'orthographe. Elle ressemble si peu à la première, qu'on qu'on doit la regarder comme un ouvrage tout-à-fait nouveau. L'arrangement des mots *par racines* rendoit l'usage du dictionnaire fort incommode. L'Académie prit le parti de les distribuer ici, suivant leur ordre alphabétique.

La troisième parut en 1740, avec des changemens d'un tout autre genre, mais qui ne sont peut-être pas moins importans. On s'attacha à perfectionner davantage les définitions des mots, et à déterminer plus précisément leur valeur: on y joignit un plus grand nombre d'exemples et d'un meilleur choix: et, pour épargner la peine de recourir aux grammaires, on assigna aux verbes irréguliers les divers temps de leurs conjugaisons dont ils sont susceptibles.

La quatrième édition, enfin, est celle de 1752. L'Académie l'augmenta d'un nombre très considérable de mots. Elle sépara les voyelles *i* et *u* des consonnes *j* et *v*; ce qui porta l'alphabet françois à 25 lettres ou caractères, au lieu de 23. Elle fit à l'orthographe tous les changemens, que l'usage avoit déjà faits, mais sans s'écarter essentiellement de la loi, qu'elle s'étoit depuis long-temps imposée, de conserver dans les mots dérivés les lettres caractéristiques des mots primitifs.

Cependant, à quelque perfection que cette illustre société ait alors élevé cet ouvrage utile et le premier de son espèce, il n'en est pas moins vrai, ainsi que je l'ai dit, qu'il n'est rien moins qu'exempt de défauts.

I°. Jusques-là, l'Académie s'étoit restreinte à la langue commune: elle crut devoir enrichir cette dernière édition de beaucoup *d'expressions techniques* d'arts et de sciences; et, d'après les raisons que j'ai exposées, cette sorte de nomenclature étoit déplacée.

II°. Elle omit tous les mots, qui n'étoient plus d'usage, et qu'on ne trouvoit plus que dans les anciens écrivains; et cette suppression appauvrit la langue, au lieu de l'épurer.

J'ai suffisamment prouvé, ce me semble, que les *vieux mots* ne sont pas toujours inutiles, et qu'en poésie surtout, ils peuvent être employés avec le plus grand avantage.

III°. Avant que de définir les mots, elle donna souvent leurs *synonymes*; et quelquefois elle rapporta les divers *sens métaphoriques* qu'ils recevoient.

Mais, sans rappeler les différens motifs, qui, selon moi, doivent déterminer les simples lexicographes à exclure tous *synonymes* et toutes *métaphores*; je me contente d'observer, que dans le dictionnaire dont il s'agit, ces deux objets sont traités d'une manière si vague, si légère, si superficielle, qu'ils s'y trouvent absolument en pure perte pour l'instruction.

IV°. Enfin, elle retrancha, par une délicatesse excessive, une infinité d'expressions nécessaires à la langue; et elle négligea toutes les recherches savantes, qui pouvoient lui fournir les moyens de remédier à sa stérilité naturelle.

Le dictionnaire, qui regarde les arts, et qu'avoit commencé Furetière, a été continué par un autre membre.

Il est difficile de se persuader, qu'il se soit trouvé dans l'Académie elle-même un homme assez courageux, pour continuer un ouvrage, qui, sur l'imputation seule de plagiat, avoit fait expulser son auteur de cette compagnie: ce qu'il y a de certain, au moins, c'est que la première édition du dictionnaire de Furetière, en 2 volumes *in-folio*, ne parut qu'en 1660, deux années après sa mort.

Mais elle ne vaut pas celle, que publia ensuite Basnage de Beauval en Hollande, où il s'étoit retiré après la révocation de l'édit de Nantes, et où il mourut en 1710.

Ajoutez-y l'excellent ouvrage du savant Ménage, qui, en remontant jusqu'à la source des mots, a dû approfondir plus d'une fois ceux qui avoient vieilli, et ceux-même qui ne sont guères usités que chez les paysans.

Son *dictionnaire étymologique de la langue françoise* annonce sans contredit un savant des plus distingués: et c'est ce qu'on peut dire encore de ses *remarques* sur notre langue, et de son traité de *l'origine de la langue italienne*. Mais si on doit louer l'érudition immense et le travail infatigable de cet auteur, on ne peut applaudir de même à son goût et à son discernement. Aussi ses détracteurs l'ont-ils toujours accusé de n'avoir que de la mémoire.

Le premier soin de la société italienne, appelée la Crusca, après son érection, fut de composer un dictionnaire: et le cardinal de Richelieu, après avoir institué l'Académie françoise, la chargea aussitôt d'un semblable ouvrage.

Il est naturel de penser, qu'une compagnie nombreuse, qui réunit dans son sein ce qu'une nation a de plus illustre dans les sciences et dans les arts, est bien plus propre à faire un dictionnaire, que ne peuvent l'être des hommes privés, et souvent dénués de ressources et de moyens. Mais l'expérience ne prouve que trop le contraire: rarement une vaste entreprise littéraire, qui exige des soins assidus et de la constance dans le travail, a été achevée, ou, du moins, portée à toute sa perfection par une grande société.

Un homme de génie se livre tout entier à sa propre impulsion. Rien ne le contrarie: rien ne l'arrête dans sa marche: il se fixe un but;

et l'ayant toujours devant lui, il y tend, quoiqu'avec lenteur et par des degrés insensibles. Il est libre dans le choix des instrumens, dont il doit se servir. Ses opérations pourront varier selon les temps et les circonstances; mais elles ne seront jamais compliquées: son ouvrage, en un mot, aura de l'ensemble et de l'unité, puisqu'il ne sera le produit que de ses facultés et de ses forces individuelles.

Mais qu'il est difficile de concilier les diverses opinions d'une nombreuse assemblée! Chacun a ses idées particulières, et s'y attache d'autant plus, qu'on les combat avec plus de vivacité. L'amour-propre fait, que personne ne veut céder: et au milieu de cette lutte, dans laquelle les avis les moins sages l'emportent presque toujours, les bons esprits se lassent, prennent le parti du silence, et laissent le champ libre à ceux qui ont le plus d'intrigue ou d'opiniâtreté.

J'estime trop les différens membres de notre Académie, qui doivent concourir à l'entreprise du dictionnaire de la langue allemande, pour n'être pas intimément persuadé, qu'ils sauront se garantir des inconvéniens, qu'entraînent ordinairement les grandes sociétés; et qu'avant tout, ils se prescriront des règles invariables, soit pour prévenir les disputes et les divisions, soit pour éviter toute perte de temps, toute interruption des travaux communs.

Le projet de l'une et de l'autre ne fut alors que de compiler les mots d'usage, et d'écarter les termes d'arts: la Crusca l'exécuta exactement.

Il faut d'abord connoître les *mots usuels.* Il est utile, ensuite, de passer aux *termes techniques.* Mais est-il nécessaire de les réunir dans un même ouvrage? J'ai développé les raisons, qui doivent empêcher les lexicographes de les confondre.

Je communiquai mon sentiment à quelques-uns des principaux membres de l'Académie françoise sur le vice de ce projet. Je leur remontrai les mauvaises suites d'une conduite, qui pouvoit n'être pas blâmée chez les Italiens, parce qu'ils avoient été privés d'un modèle qu'ils eussent pû imiter. Je leur insinuai, qu'on s'attendoit à bien davantage d'un florissant royaume, qui jouissoit de la protection d'un monarque puissant. Je leur fis sentir, combien l'application des termes des arts porteroit de clarté dans les sciences mêmes, et l'avantage que l'Europe en tireroit; et il y eut beaucoup de ces savans, qui me comprirent très-bien.

On a vu ci-devant, que Leibnitz demande trois sortes d'ouvrages: le premier, sous la dénomination de *dictionnaire* ou de *lexicon,* qui ne renferme que les *mots usuels;* le second, sous le titre de *trésor de la langue,* où soient consignés les *termes d'arts;* le troisième, appelé *glossaire,* qui rassemble les *expressions provinciales, étrangères,* et les *vieux mots,* par lesquels on peut découvrir les étymologies; et qu'en même temps il déclare formellement, que ce sont-là trois ouvrages distincts.

Or, dans cet endroit-ci, il blâme l'Académie françoise et la société littéraire de la Crusca, de s'être bornées à la *langue commune,* et de n'avoir pas embrassé encore les *mots techniques.*

Par conséquent, ou ce philosophe est en contradiction avec lui-même, ou il ne s'est pas énoncé assez clairement.

J'aime à me persuader, qu'il a voulu dire, qu'une société, telle que l'Académie françoise, devoit donner plus d'extension au projet qu'avoit exécuté celle de la Crusca, et qu'il étoit digne d'elle, autant que de la France, après avoir publié le dictionnaire des *mots usuels,* de recueillir de même, mais dans un nouvel ouvrage, les *termes techniques,* qui pouvoient, à leur tour, infiniment contribuer au progrès des sciences, et par-là, devenir si utiles à toutes les nations de l'Europe.

Quoiqu'il en soit, je crois qu'il n'y a que ce seul projet de bien raisonnable; et je renvoie, sur ce sujet important, au développement des motifs que j'ai exposés.

Mais ils demeurerent attachés au dessein d'imiter la Crusca. Cependant Furetière, un d'entr'eux, porté par son propre goût, s'appliqua, dès ce temps-là, à compiler les termes des arts. L'Académie en fut offensée, et empêcha que cet ouvrage ne vit le jour. Mais par les soins d'un savant étranger, qui sut profiter de cette faute et des moyens qu'on venoit de lui donner, il fut imprimé en Hollande; et dans cette rencontre, la passion produisit l'effet, que la raison n'avoit pû produire.

L'anecdote n'est pas exacte. Furetière fut rayé du tableau académique, non pour avoir fait entrer *les termes des arts* dans son dictionnaire; mais parcequ'étant membre de l'Académie, assistant à toutes ses délibérations, et par conséquent, se trouvant toujours à portée de s'approprier toutes ses recherches, c'étoit, en quelque sorte, violer toute justice, comme toute décence, que de publier, en son particulier, l'ouvrage même, pour la composition duquel elle avoit été principalement instituée.

Du reste, je suis très-éloigné d'applaudir à la conduite de l'Académie; et je pense, au contraire, qu'elle fit en cette occasion un acte de despotisme. Il doit être permis à chacun d'écrire, et de mettre au jour tel ouvrage qu'il veut: et avant que d'expulser Furetière du corps académique, avant que de l'empêcher de publier son dictionnaire, il falloit constater, s'il étoit véritablement coupable du plagiat dont on l'accusoit.

Mais on ne procéda point à son égard avec cette régularité. »Le dictionnaire de la langue »étoit le principal objet de l'institution académique: donc, personne n'avoit le droit de faire »le même ouvrage«. C'est ainsi que raisonnent les corporations, quand elles peuvent, à leur gré, substituer l'autorité à la logique.

Puisque les Allemands excellent sur les autres nations dans les connoissances relatives à la physique expérimentale et à la mécanique, un bon ouvrage allemand des termes des arts renfermeroit un trésor d'excellentes notions, qui fourniroient aux génies subtils mille occasions de créer des pensées ingénieuses, et de produire de nouvelles inventions.

On se sauroit trop exhorter nos Académiciens allemands à s'occuper du recueil dont il s'agit. Ce n'est pas que les *mots techniques* soient par eux-mêmes des *notions essentielles*; mais ils y conduisent nécessairement; car, un terme nouveau ne frappe jamais nos oreilles, sans exciter en nous le desir, non seulement de savoir quelle est sa valeur exacte, mais encore de connoître les choses, auxquelles on l'applique.

Les mots répondent exactement aux choses dans la langue allemande: par conséquent l'ex-

plication des mots peu communs doit, à coup sûr, produire la connoissance des choses inconnues.

Dans toutes les langues, l'expression doit toujours représenter fidellement l'objet ou l'idée dont elle est le signe. Mais il arrive fort souvent, que, quoiqu'un mot ait une destination primitive et originaire, on ne laisse pas que de s'en servir encore dans tout autre sens. Or, en pareils cas, sa valeur est, pour ainsi parler, accidentelle et locale: elle dépend entiérement des circonstances où il est employé; et pour le bien saisir, il faut le combiner avec ce qui le précède et ce qui le suit.

Ce seroit, en effet, un ouvrage très-précieux, et l'un des plus instructifs qu'on pût composer pour l'Allemagne. Si je veux, par exemple, connoître le véritable emploi d'un mot françois, emprunté du latin, je dois porter toute mon attention sur le sens, que ce mot avoit, ou qu'il a encore dans la langue primitive: car, je dois naturellement supposer, que ceux, qui l'ont fait passer dans ma langue maternelle ou habituelle, ne l'ont adopté qu'à cause de sa propre signification.

Quelquefois, néanmoins, les mots dérivés s'alterent; et soit hazard, soit caprice, ils finissent bien souvent par avoir une valeur toute différente de la valeur primitive. Mais ces exceptions, fussent-elles plus nombreuses qu'elles ne le sont, ne détruisent pas la loi générale; et en fait d'expressions, comme en toute autre matière, il est toujours bon de pouvoir remonter aux notions primitives.

De là, la conséquence que j'ai déjà tirée, qu'il est nécessaire de conserver dans les mots, en les écrivant, les lettres ou caractères étymologiques. J'ai donné à la preuve de ce principe tout le développement convenable; et je n'insisterai pas davantage sur une chose aussi évidente.

Il est palpable, et absolument hors de doute, que le françois, l'italien, et l'espagnol (sans parler de l'anglois, qui est rempli de mots allemands) seroient forcés de recourir à notre langue, à chaque instant, dans la recherche qu'ils voudroient faire de l'origine de leurs idiomes: et, par conséquent, l'examen de la langue allemande n'éclaireroit pas seulement l'Allemagne, mais l'Europe entière; nouvelle espèce de gloire pour notre nation.

La langue allemande est, sans contredit, l'une des plus anciennes de l'Europe: et comme l'Allemagne est située, à-peu-près, au centre de notre continent; que cet empire n'a jamais cessé d'avoir des communications directes avec tous les autres Etats; qu'enfin les divers peuples, qui occupent cette vaste contrée, ont souvent fait des irruptions et des conquêtes sur les terres de leurs voisins; il a bien fallu que leur langue se mêlât plus ou moins avec celle de la plûpart des autres nations.

Leibnitz cite, dans ce passage, le françois, l'italien, l'espagnol et l'anglois: je me borne à présenter quelques faits historiques à l'appui de ses assertions, relativement au françois.

Les Francs, en s'établissant dans les Gaules, ne forcèrent point les naturels du pays à adopter leurs moeurs, leurs usages: mais vivant avec eux ou au milieu d'eux, ils leur communiquerent insensiblement leur idiome; et si la France, pendant la première race de ses rois, fut comme partagée en deux peuples différens, dont l'un parloit le latin, et l'autre le tudesque, il se fit entr'eux, dans l'âge suivant, un rapprochement si sensible, qu'on ne distingua plus qu'un seul peuple et qu'un seul langage.

Mais ce langage changea de nature et de forme. Il se composa des deux idiomes, qui s'étoient maintenus séparément jusques-là. La plus grande partie des mots venoit du latin; et la construction étoit toute tudesque.

Plusieurs siècles après (et ce fait est vraiment singulier) cette langue grossière et barbare éprouva de nouvelles altérations, mais en sens inverse; et sa syntaxe tint beaucoup plus du romain que du germanique.

Bientôt, un génie particulier dirigea sa marche. Elle s'assujettit aux articles et aux verbes auxiliaires: ses expressions, en s'éloignant de leur origine, prirent une terminaison, qui ne ressembloit plus en rien aux deux langues primitives; et comme divers peuples du Nord s'étoient répandus dans les Gaules à différentes époques, il se forma, par ce mélange, une sorte de langue mixte, et dans laquelle il étoit facile de reconnoître des mots de tous les pays.

Vers le milieu du douzieme siècle, la langue *romance* bannit presque entiérement la *tudesque;* et, sous le regne de Louis le jeune, elle l'étoit encore de tous les écrivains et de tous les *lettrés*.

Mais, quoiqu'elle continuât de s'épurer de génération en génération et de siècle en siècle, jusqu'aux jours brillans du regne de Louis XIV, où elle fut portée à sa perfection, elle conserva toujours quelques traits caractéristiques de sa première origine. Aujourd'hui même, les François reconnoissent encore, que les Francs ont été leurs pères.

Ce qui doit, plus que tout autre motif, nous porter à entreprendre un dictionnaire étymologique allemand, est le besoin qu'en ont toutes les nations de l'Europe. J'en connois par moi-même la nécessité; et les lettres fréquentes que je reçois sur ce sujet de toutes parts, m'en convainquent de plus en plus. Des étrangers d'un profond savoir souhaitent cet ouvrage, afin de pouvoir, par ce secours, éclaircir leur antiquité.

Parmi ces *étrangers d'un profond savoir*, on doit particuliérement distinguer le célèbre et immortel *Peiresc*, que la Provence, sa patrie, met encore à la tête des plus beaux génies qu'elle a produits, et qui fut très-certainement l'un des hommes les plus extraordinaires qu'on ait jamais vûs.

On n'a qu'à consulter la vie de ce savant, écrite avec autant d'élégance que de pureté par *Gassendi.*

Il entretint pendant long-temps la correspondance la plus exacte avec Leibnitz; et c'est ce que j'ai vérifié moi-même, en 1760, chez un conseiller au parlement d'Aix, à qui les précieux manuscrits de cet homme illustre avoient passé, sans doute, par héritage.

J'étois trop jeune, dans ce temps-là, pour demander au propriétaire insouciant de ce trésor littéraire, de me permettre d'en faire l'exploitation; ce qu'il m'eût accordé sans peine: mais je n'y ai jamais songé depuis, sans éprouver les plus vifs regrets de n'être plus à portée de me livrer tout entier à une aussi grande et aussi utile entreprise.

Mais je doute que les manuscrits de *Peiresc* existent encore: car, à l'époque dont je viens de parler, ils étoient dans un tel désordre et si mal soignés, qu'il ne seroit pas étonnant, qu'il n'en restât pas le moindre vestige.

Je me souviens très-bien, que sa correspondance avec Leibnitz rouloit principalement sur les langues, et que les lettres respectives de ces deux grands hommes auroient pû former un recueil très-considérable.

Les mots ne sont pas aussi arbitraires qu'on le pense communément. Rien n'est par hazard dans le monde; et si nous jugeons différemment, ce n'est que parce que nous en ignorons les causes.

Tout, dans les langues, semble d'abord arbitraire, ou l'effet du caprice et du hazard; et cette fausse opinion fut toujours celle des esprits superficiels et frivoles, qui sont incapables de rien approfondir. Cependant, en examinant les choses de près, on trouve presque partout l'empreinte de la raison et de la philosophie; et le langage de tous les peuples, bien analysé, nous en fourniroit également la preuve.

Un nouvel objet s'offre à l'homme; et il est question de le représenter par un mot, qui en réveille l'idée ou le souvenir dans l'ame d'autrui. Que fait le génie de l'observateur, ou, si l'on veut, le simple instinct du peuple? Il consulte l'analogie; il rapproche cet objet de ceux de la même espèce qu'il connoît déjà; et il en crée le signe représentatif, qui convient à sa destination ou à sa nature, en lui donnant la forme, que lui assigne la classe, dans laquelle il doit être rangé.

Le peuple, dans cette création, ne fait que suivre une sorte d'impulsion machinale; et ses expressions nouvelles ont rarement une forme agréable. Mais quand, ensuite le philosophe est forcé lui-même de les adopter; il les épure, les perfectionne d'après les lois du goût et des convenances; il les assortit au génie de la langue.

Il en est de même, de tous les termes abstraits et métaphysiques, qui sont destinés à rendre nos sentimens, ou les conceptions, soit simples, soit complexes, de notre esprit. On y reconnoît toujours le trait caractéristique, qu'imprime la philosophie à tout ce qu'elle produit.

Or, comme la langue allemande semble approcher de l'origine, beaucoup plus que d'autres idiomes, on y peut chercher plus sûrement les mots primitifs et originaux.

Deux choses doivent engager les savans allemands à s'occuper de leur dictionnaire étymologique. La première, c'est que, leur langue étant l'une des plus anciennes parmi les modernes, il est possible qu'on puisse remonter par elle jusqu'à la plus haute origine des différentes langues qu'on parle en Europe; et la seconde, c'est que cette même langue est peut-être celle de toutes, qui ressemble le plus à ce qu'elle fut dans sa naissance, et dont l'art ou la philosophie a le moins altéré les traits primitifs.

Je ne prétends pas, qu'en cela elle soit préférable à une langue polie, épurée, perfectionnée, et dans la contexture de ses mots, et dans sa syntaxe: je ne veux que dire, que ses défauts même peuvent servir à faire mieux reconnoître, non seulement ce qui a donné lieu à la création des mots dont elle est composée, mais encore les divers emprunts que les autres peuples ont faits chez elle.

Leibnitz a donc eu raison de conclure, que ceux qui réussiront dans l'entreprise du dictionnaire dont il s'agit, assureront la gloire de leur propre nation, et rendront le service le plus essentiel à toutes les autres.

Le dictionnaire allemand, que nous avons nommé trésor de la langue, demande des hommes solidement savans dans la physique naturelle, la botanique, la chimie, la connoissance des diverses espèces d'animaux, les mathématiques, les différentes parties de l'architecture, des métiers, des manufactures, du commerce, de la navigation, la connoissance des métaux.

Il n'est aucune science, aucun art, aucune profession, qui n'ait une infinité de mots, presque entiérement consacrés à son usage. Jamais homme ne sera assez savant, pour se les rendre familiers: mais une société d'hommes habiles en chaque genre, peut parvenir à en former le recueil, et à déterminer leur valeur. Il ne faut que du travail et de la patience pour une compilation, quelle qu'elle soit: il faut, au contraire, bien de l'instruction et de la philosophie, quand il est question de fixer les idées qu'on doit attacher à une immense nomenclature; et si la plûpart des compilations sont absurdes et dégoûtantes, c'est que ceux qui les font, manquent, ordinairement, de lumières, de discernement et de goût.

Comme chacun de ces savans en particulier ne pourroit posséder à un haut degré toutes les sciences ci-dessus énoncées, tous ensemble devroient comparer souvent leurs propres notions.

Diderot, l'un des éditeurs de l'encyclopédie, osa se charger, pour ce grand ouvrage, de la rédaction de tous les articles relatifs aux arts et métiers, quoique n'ayant alors en ce genre que ces notions générales, qui sont communes à tous les gens de lettres.

Jamais entreprise plus extraordinaire, ni plus téméraire peut-être. Quel courage, ou quelle présomption, ne suppose-t-elle pas dans celui qui put la former! A combien de recherches et de travaux, ne dut-il pas se livrer pour remplir sa tâche? Mais les Diderot ne se rencontrent que bien rarement dans le monde; et de pareils exemples, d'ailleurs, sont bien plus difficiles à suivre qu'à admirer.

Il faudroit que, pour chaque science, pour chacun des arts et métiers, quelques hommes habiles et expérimentés recueillissent les *termes techniques*, d'après un plan convenu entr'eux, et qu'ensuite, comme le dit Leibnitz, ils se réunissent pour en fixer exactement la valeur.

Nous avons déjà plusieurs traités allemands de diverses professions et de plusieurs différens arts: on pourroit les compléter, et les faire servir à notre dessein; et le génie curieux des François et des Anglois nous fourniroit, tantôt des secours réels, et tantôt des occasions à de nouvelles recherches.

Toutes les nations ont plus ou moins produit d'ouvrages de cette espèce: car, la connoissance des arts est trop intéressante, trop utile, trop honorable, pour jamais être entièrement négligée chez les peuples civilisés.

Mais aucune nation ne s'est encore autant distinguée que la nation françoise. Quel monument immortel que celui qu'élève l'Académie des sciences de Paris depuis bien des années! Et qu'il est à souhaiter, que cette société célèbre puisse compléter sa *collection des arts et métiers!*

Les Allemands ont déjà traduit quelques-uns des ouvrages qui la composent. Il leur importe de continuer ce travail: c'est le moyen le plus sûr d'accroître les lumières de leur nation, et de répandre de plus en plus dans les différens Etats de l'empire, l'esprit du commerce et de l'industrie.

Voilà les sources abondantes où nos académiciens doivent aller puiser.

Plusieurs mots, devenus familiers, ont été empruntés des arts même: au moins, ils en ont reçu une certaine signification, dont la cause est inconnue à ceux, qui n'ont aucune idée de ces arts ou professions.

Il est incontestable, que beaucoup de mots d'arts ont passé dans la langue commune; et, par conséquent, que, pour bien sentir leur valeur, il est bon d'avoir quelques notions générales et particulières des arts eux-mêmes.

Je dis donc, que ces sortes d'expressions doivent être également rassemblées dans le *lexicon* et dans le *trésor de la langue.* Elles seront comprises dans le premier, puisqu'elles sont maintenant de l'usage le plus commun; et dans le second, puisqu'originairement *techni-*

ques, elles le sont encore par l'emploi que les arts continuent d'en faire.

En France, parmi les gens de qualité, j'ai connu des personnes, qui se faisoient un mérite (et c'en est un très-grand en effet), de ne parler de toutes choses qu'en termes de l'art: en témoignant leur estime pour les arts, ils prouvoient qu'ils n'y étoient pas ignorans.

Il n'a jamais été plus vrai, ni mieux démontré que de nos jours, que c'est un *mérite réel* de savoir la langue des arts; et qu'augmenter les moyens d'instruction à cet égard, c'est servir les lettres et la société.

Dans des siècles demi-barbares, on ne sent la nécessité d'étudier que ce qui tient à la profession qu'on a embrassée; on avoueroit sans pudeur son ignorance dans tout le reste. Eh! quelle honte pourroit atteindre un homme, au milieu d'Etres qui lui ressemblent et qui valent souvent moins que lui?

Mais dans des temps, comme les nôtres, où l'on a tant de secours pour s'instruire, où les bons livres se multiplient à l'infini, où toutes les connoissances sont presque aussi profondes qu'universelles, il ne suffit pas de posséder les objets particuliers, auxquels on s'est spécialement consacré: il faut encore réunir une foule d'autres connoissances moins essentielles, ou moins liées à l'art dont on a fait choix.

D'ailleurs, il en est du monde littéraire, comme du monde physique et moral: tout s'y enchaîne; rien n'y est entiérement isolé; de sorte qu'on n'est jamais parfaitement éclairé, en quelque genre que ce puisse être, si l'on n'a puisé toutes ses lumières que dans la même source.

Si on venoit à introduire cette pratique en Allemagne, et à l'observer avec attention, avec exactitude, outre que cela satisferoit souvent la curiosité, on inspireroit aussi par-là du génie pour les sciences; on porteroit dans les esprits plus d'ouverture, et plus d'envie de connoître les objets.

Ce passage ne prouve que trop, que ce n'est pas d'aujourd'hui que date la méthode des Allemands de se borner presque exclusivement à l'objet particulier de leur profession; et ce qu'il y a de plus fâcheux, c'est que, dès leur plus tendre jeunesse même, ils se renferment dans ces étroites limites. Chez eux, les études, qui se rapportent uniquement au développement de l'esprit et au progrès du goût, sont très-superficielles et de très-courte durée, ainsi que je l'ai ci-devant observé.

En entrant dans un collége, ils savent d'avance ce qu'ils deviendront: ils ont en perspective l'état, auquel on les destine; et tout ce qui luí est étranger ou qui n'y tient que de très-loin, les intéresse peu. Ils paroissent ne pas sentir, qu'avant d'être hommes de loi, administrateurs de finances, médecins, anatomistes, chimistes, botanistes, mathématiciens, il faut avoir long-temps cultivé ses talens naturels, formé son intelligence, perfectionné son jugement.

Ce que je dis est si vrai, que, depuis 20 ans que je suis à Berlin, j'ai vû une infinité de jeunes gens faire des cours suivis dans différentes sciences, et jamais aucun dans la littérature et dans les beaux-arts.

Mais il est temps de revenir à ce qui est requis dans une langue, relativement à son usage commun; objet principal, auquel ont visé d'abord la Crusca et l'Académie françoise, et auquel, en effet, on doit principalement viser, surtout quand il n'est question ni d'origine ni d'antiquité, ni de notions secrètes pour les sciences et les arts, mais simplement de la vie sociale et du commerce des hommes. C'est en quoi paroîtroit l'abondance, la pureté et la clarté de la langue allemande; trois qualités également nécessaires à un idiome.

Après avoir exposé ses idées sur la composition des trois sortes d'ouvrages, qu'exigeroit l'amélioration de la langue allemande, Leibnitz établit quelques principes sur les qualités les plus essentielles à tout idiome, savoir, *l'abondance*, la *pureté* et la *clarté*.

L'abondance ou la richesse est ce qu'il y a de plus nécessaire dans une langue. Elle consiste, en ce qu'il y ait plutôt trop que trop peu de mots justes et énergiques, dont on puisse se servir en tout événement, pour représenter chaque chose avec force et propriété, et pour peindre les idées au naturel.

Il est rare de trouver un peuple, qui n'ait pas la prétention, que *l'abondance* est une qualité distinctive de sa langue. Quelle en est la raison? C'est que cette *abondance* prouve trois choses: la première, qu'on a du génie; la seconde, qu'on possède des connoissances aussi étendues que variées; et la troisième, que, dans les sciences et dans les arts, on est fort au dessus des nations rivales.

Mais, à ce sujet, j'ai plusieurs remarques à faire.

D'abord, est-il bien vrai, que l'abondance soit toujours, dans les langues, une richesse dont on doive se glorifier? Je ne crains pas d'affirmer le contraire.

Voyez un peuple, qui sort à peine de la barbarie, dont les lumières ne peuvent être encore ni très-vastes, ni fort étendues, qui enfin est très-éloigné de l'état de parfaite civilisation:

il compose son langage de tous les mots, que son imagination lui présente; et soit qu'il veuille peindre les nouveaux objets qui s'offrent à ses regards ou à sa pensée, soit qu'il s'efforce de rendre les différens mouvemens qui l'agitent, les divers sentimens dont il est pénétré; il ne met aucun choix dans ses expressions; il les multiplie au gré du hazard et des circonstances. Mais ce n'est pas là ce qu'on peut appeler une *langue riche.* Horace disoit:

omne supervacuum pleno de pectore manat;

Et Despréaux:

souvent trop d'abondance appauvrit la matière.

En second lieu, les progrès des arts et des sciences sont tels aujourd'hui en Europe, que toutes les langues qu'on y parle, sont, à peu de chose près, également propres à tout exprimer; et si chaque nation se persuade, que sa langue est la plus riche, c'est qu'on a infiniment plus de facilité à produire ses idées dans l'idiome, qu'on parle depuis son enfance, et dans lequel on est accoutumé de penser, qu'on n'en peut acquérir par le travail et par l'exercice dans un idiome étranger.

Ainsi, un Allemand, qui a appris le françois, trouve toujours que sa langue a bien plus d'abondance que la langue françoise, puisque les mots se présentent toujours d'eux-mêmes, quand il s'énonce en allemand; et qu'au contraire il court bien souvent après eux inutilement, quand il veut s'exprimer en françois.

Sur ce point donc, tous les peuples se laissent aveugler par leurs préjugés; et quel que soit leur desir d'être justes et impartiaux, ils ne le sont presque jamais.

En troisième lieu, il y a telle abondance, qui convient à une langue, et qui ne convient pas à une autre; parce que les moeurs de la nation, qui parle celle-ci, repoussent certaines expressions, que l'usage admet chez le peuple, qui parle la première.

Les Latins, par exemple, dénommoient les objets les plus bas, les plus dégoûtans; au lieu que les François, toutes les fois qu'ils sont obligés d'en énoncer de pareils, recourent à des périphrases, à des circonlocutions, à des descriptions, pour se dispenser d'employer les mots propres; et cette différence dans la manière de s'expliquer, vient de la différence même, qui existe dans les moeurs des deux peuples.

> Le latin, dans les mots, brave l'honnêteté,

dit Boileau:

> mais le lecteur françois veut être respecté.
> Du moindre sens impur la liberté l'outrage,
> si la pudeur des mots n'en adoucit l'image.

Les François (il faut en convenir) ont porté beaucoup trop loin leur délicatesse; et si leur langue a plus de noblesse, de dignité, de décence, que la plûpart de nos langues modernes, elle est, d'un autre côté, moins riche et moins abondante, que plusieurs d'entr'elles.

Mais, en ce genre, comme en bien d'autres, souvenons-nous du précepte d'Horace:

> est modus in rebus: sunt certi denique fines,
> quos ultra citraque nequit consistere rectum.

Il est tel peuple, chez qui l'abondance des mots est plutôt un vice qu'une vertu; puisqu'elle suppose de la dégradation dans ses moeurs, et qu'il vaut encore mieux être pauvre que licencieux.

Du reste, je suis de l'avis de Leibnitz, quand il dit que *rien n'est plus nécessaire à une langue que l'abondance;* et cette assertion, prise en général, est incontestable. Mais il faut que cette abondance résulte de la multiplicité et de la variété de nos connoissances, et non d'une certaine bizarrerie de notre esprit, qui, pour faire preuve de sa fécondité, et pour étaler sa richesse, crée une foule de mots inutiles, là, où un seul suffiroit pour peindre l'objet ou le sentiment.

Tout, dans les langues, doit être désigné par un nom spécifique, et qui lui soit tellement propre, qu'on ne puisse en faire une autre application, si ce n'est en sens figuré, sans tomber dans l'équivoque. Des mots, qui servent indifféremment à plusieurs usages, répandent de la confusion et de l'obscurité dans le discours: on n'en saisit la vraie valeur, qu'en les combinant avec ce qui les suit ou ce qui les précède; et l'esprit éprouve alors une sorte d'embarras, de gêne, de torture, qui, à la longue, le distrait, le lasse, le rebute.

Cela ne doit pas empêcher, néanmoins, d'ajouter, autant qu'on le peut, au nom propre de chaque objet, des mots *descriptifs*, c'est-à-dire, qui le représentent, soit dans ses facultés, soit dans ses moeurs, soit dans son extérieur: car, de pareils mots contribuent souvent beaucoup à l'élégance, à l'agrément du style; non seulement, parce qu'ils font éviter les fréquentes répétitions des mots propres; mais encore, parce qu'ils fixent l'attention des lecteurs ou des auditeurs sur ce que ces objets ont de particulier et de caractéristique.

Par exemple: le mot latin *agnus* est le nom propre, qui désigne l'agneau; et si, parlant en sens naturel, je donne ce même nom à un autre animal, on ne m'entend plus.

Mais il est question, dans une fable que je compose, de mettre en opposition le loup et l'agneau; et comme ce dernier, victime de l'injustice et de la voracité du premier, est celui, qui doit exciter tout l'intérêt de mes lecteurs, je suis obligé de parler de lui, ou de le faire parler lui-même, à plusieurs reprises.

Que fais-je, pour me dispenser de reproduire sans cesse le nom *agnus?* J'invente un mot *descriptif*, qui lui convienne.

Or ce qui frappe d'abord mes regards, quand je vois un agneau, c'est la laine dont il est couvert: et cette douce enveloppe est, pour ainsi dire, l'image de la douceur de son caractère.

Je crée donc un mot très-utile, si, au nom propre *agnus*, je joins le mot descriptif *laniger*, mot composé de ceux-ci: *lanam gerens*, l'animal *portant laine*.

Le mot *homme* est un mot générique et appellatif, qui embrasse également les deux sexes de l'espèce humaine; et c'est, peut-être, dans tous les genres d'écrire, la dénomination, qui reparoît le plus fréquemment: mais, à force de se produire, presque à chaque instant et partout, elle a perdu une partie de sa noblesse.

Qu'a-t-on fait, soit pour varier son élocution, soit pour ennoblir son style?

Tantôt, on a remplacé ce mot *homme* par l'énonciation de la qualité distinctive de *l'homme* qui est la raison; et au lieu de dire tout simplement *l'homme*, on a dit *l'Etre raisonnable*.

Tantôt, on a envisagé l'homme du côté de *la mortalité* qui l'attend; et au lieu de dire *les hommes*, on a dit *les mortels*.

Cette expression a paru plus relevée par cela même qu'on s'en sert moins souvent; on l'a donc affectée presque exclusivement aux genres, oratoire et poétique; et quoique, dans l'un, comme dans l'autre de ces deux genres, on dise toujours avec noblesse *les hommes*, il est bien des occasions, cependant, où l'expression, *les mortels*, figure avec infiniment plus d'avantage.

Tels sont les vers suivans de M. de Voltaire:

> *Les mortels* sont égaux: ce n'est point la naissance,
> c'est la seule vertu, qui fait leur différence.
> Il est de ces *mortels*, favorisés des Cieux,
> qui sont tout par eux-même, et rien par leurs ayeux.

Les Allemands font beaucoup valoir leur abondance; et je crois qu'en effet ils sont plus fondés à former cette prétention, que la plûpart des nations modernes. Mais, par rapport à leurs mots *descriptifs*, ils sont tombés dans un défaut, que les étrangers, surtout, ont de la peine à supporter: c'est que, les composant presque toujours de plusieurs, ils en ont créé une multitude d'une longueur d'autant plus fatigante et désagréable, que, suivant le génie de leur langue, les articulations y sont très-nombreuses, et les voyelles extrêmement rares.

C'est en traduisant de bons livres, qu'on trouve la pierre de touche de l'abondan-

ce ou de la stérilité d'une langue, à mesure qu'il se présente plus ou moins de facilité à traduire.

L'observation me semble très-juste. Mais, avant que de décider, si la langue, dans laquelle on traduit, est réellement *abondante* ou *pauvre*, il faut examiner, quels sont les talens et les connoissances du traducteur, et quelle est l'espèce d'ouvrage qu'il a entrepris de traduire: car, sans cela, on risque de ne porter que de faux jugemens.

Je remarque d'abord, que, chez toutes les nations éclairées, les gens de lettres, qui ont assez de génie et assez de lumières pour enfanter des productions originales, consacrent rarement leur temps à des traductions. Ils regardent cette occupation comme trop au dessous d'eux; et, quoiqu'il n'y ait peut-être pas moins de mérite à bien traduire, qu'à faire soi-même un bon ouvrage, ils préferent presque tous le rôle d'auteurs à celui de simples traducteurs.

Ce dernier n'est guères embrassé que par des hommes médiocres, ou par des mercenaires, qui ne travaillent que par besoin; et de-là vient, que nous avons si peu de traductions excellentes et dignes d'être citées.

On n'a qu'à jeter un coup-d'oeil sur ceux de nos traducteurs françois, qui nous ont fait connoître les meilleurs écrivains de l'antiquité.

En trouvera-t-on beaucoup qui se soient élevés au niveau des grands modèles dont ils ont fait choix? On rend justice, par exemple, à l'érudition des Dacier, des Des-Brosses et des Bouhier; à l'exactitude et à la correction des Patru, des d'Ablancours, des Des-Fontaines, des d'Olivet; à la fidélité et à l'élegance des Batteux, des La-Baumelle, des Guérin, des Gedoyn, des Auger, etc. Mais combien ces traducteurs, et leurs pareils, ne sont-ils pas inférieurs aux historiens, aux orateurs, aux poétes anciens, qu'ils ont traduits, et dont ils ont cru, peut-être, avoir fait passer toutes les beautés dans notre langue?

Pour réussir complètement en ce genre, il ne suffit pas d'être érudit, de connoître sa langue, et celle de laquelle on traduit, d'avoir même un style épuré: il faut encore posséder tous les talens relatifs au genre, auquel appartient l'ouvrage qu'on veut traduire, et, surtout, avoir l'esprit, le goût et le génie de son modèle.

Or, toutes les fois que ces différentes conditions ne se réunissent pas dans un traducteur, il est impossible qu'il ait les mots de sa langue à sa disposition. Il peut entrevoir la pensée de son auteur: mais il est embarassé, pour la rendre avec énergie et fidélité; et la langue lui paroît nécessairement stérile et peu abondante.

Je remarque, ensuite, qu'il est des écrivains et des ouvrages, qui sont intraduisibles; et ce

sont

sont ceux, dont les beautés, bien plus faites pour être senties que pour être analysées, tiennent à la finesse, à la délicatesse de la diction, ou à de certaines tournures, qui appartiennent exclusivement à la langue.

Tel est La-Fontaine dans le plus grand nombre de ses fables. Il a bien pû lui-même traduire parfaitement celles d'Esope, parce que celui-ci ne mettoit dans ses discours que force et vérité. Il a dû rencontrer plus de difficulté à remanier celles de Phèdre, parce que le fabuliste latin est infiniment plus orné et plus gracieux que le grec. Mais, à son tour, il a su répandre dans ses propres productions, tant de sel, tant d'enjoûment, tant de choses originales, qu'en quelque autre langue que ce puisse être, un fabuliste du même génie que lui, et qui ne lui seroit inférieur en rien (s'il étoit possible qu'il existât), ne parviendroit peut-être jamais à le rendre fidellement:

sudet multum, frustraque laboret,
ausus idem.

Dans ces sortes de cas encore, il ne faut pas accuser sa langue de pauvreté: il faut seulement reconnoître, que chaque idiome a ses propriétés, ses avantages particuliers, et qu'on ne sauroit compenser dans un autre que par des équivalens.

Je remarque, enfin, qu'on ne voit presque jamais les traducteurs consulter leurs forces et leurs talens, dans le choix des ouvrages qu'ils veulent faire connoître à leur nation; et qu'à cet égard les méprises sont encore plus fréquentes chez eux, qu'elles ne le sont chez les écrivains qui travaillent d'après leurs propres idées.

Ceux-ci peuvent bien embrasser des genres, qui ne soient analogues, ni à leurs dispositions naturelles, ni à leurs études; ou traiter des sujets, qui soient au dessus de leur foible génie. Tel auteur, par exemple, écriroit avec succès en prose: il passe sa vie à faire d'insipides poëmes et de mauvais vers. Tel autre excelleroit peut-être dans le genre simple ou gracieux: il a la vaine ambition de se signaler dans le genre sublime, auquel il ne peut s'élever: s'il est versificateur, il compose des odes, des tragédies, des épopées: s'il n'est que prosateur, il fait des panégyriques, des oraisons funèbres, des harangues politiques.

De là, cette foule d'écrivains ridicules et dont les productions, dit Boileau,

> ne font de chez Sercy qu'un saut chez l'épicier:

Car, comme l'observe judicieusement ce même poëte, dans son art poétique,

> la nature fertile en esprits excellens,
> sait entre les auteurs partager les talens.

L'un peut tracer en vers une amoureuse flamme;
l'autre, d'un trait plaisant aiguiser l'épigramme.
Malherbe d'un héros peut vanter les exploits;
Racan, chanter Phylis, les bergers et les bois.
Mais souvent un auteur qui se flatte et qui s'aime,
méconnoît son génie, et s'ignore soi-même.
Ainsi, tel autrefois qu'on vit, avec *Faret*,
charbonner de ses vers les murs d'un cabaret,
s'en va, mal-à-propos, d'une voix insolente,
chanter du peuple hébreu la fuite triomphante;
et, poursuivant Moyse au travers des déserts,
court, avec Pharaon, se noyer dans les mers.

Mais combien les traducteurs ne sont-ils pas plus souvent dans le cas de se faire illusion? Il n'y a pas de si mince littérateur, qui, pour avoir appris passablement sa langue, et médiocrement le grec et le latin, ou quelques langues étrangères, ne se croie en état de bien rendre les ouvrages même les plus difficiles, et les moins analogues à ses talens?

En effet, par quels hommes ont été traduits, presque toujours, les plus illustres écrivains de l'ancienne Grèce et de Rome? leurs philosophes, leurs historiens, leurs orateurs, leurs poëtes surtout, sont, pour la plûpart, méconnoissables, dans les traductions que nous en avons, tant elles sont insipides et plates. Nous ne possédons guères que de misérables copies des plus parfaits originaux; et dans la foule innombrable de nos traducteurs, à peine en compterions-nous quelques-uns, qu'un homme de goût puisse lire.

Or, tout homme de lettres, qui, au lieu d'adapter à ses talens et à ses connoissances acquises, l'ouvrage qu'il veut traduire, ne s'y détermine que par caprice, par intérêt, au gré du hazard et des circonstances, doit nécessairement éprouver la même stérilité d'idées et d'expressions, que tout autre écrivain, qu'écrase le poids du sujet et du genre, qu'il a témérairement embrassés.

Aussi Horace, dont tous les préceptes sont autant d'oracles du bon-sens et du goût, disoit aux Pisons:

sumite materiam vestris, qui scribitis, æquam
viribus; et versate diu, quid ferre recusent,
quid valeant humeri: cui lecta potenter erit res,
nec facundia deseret hunc, nec lucidus ordo.

Je pense, que la langue la plus riche et la plus commode est celle, où l'on réussit le plus aisément dans une traduction de mot-à-mot, et où l'on peut suivre pas-à-pas son original.

Cette vérité est évidente. La richesse d'une langue consiste à pouvoir tout énoncer et tout exprimer par dénomination spécifique, ou, si l'on veut, individuelle; et la pauvreté, à être forcé de décrire, faute de pareille dénomination.

C'est donc, en traduisant littéralement un ouvrage, qu'on peut s'assurer, si la langue abonde en termes propres; ou si, pour bien rendre l'original, elle a besoin de recourir à des descriptions, à de certains détours, qui suppléent, par des équivalens, les expressions énergiques dont elle manque.

La pureté de la langue, à l'égard du discours, aussi-bien que de l'écriture, consiste en ce que les mots et les phrases en soient allemands, et que la grammaire, la construction et la syntaxe y soient exactement observées.

Leibnitz exige, pour la pureté de la langue:

I°. que *les mots soient allemands.* Sa pensée n'est pas, que toutes les expressions doivent être puisées dans le fond de la langue; mais qu'elles soient conformées selon son génie particulier. Il proscrit, et avec raison, tous les termes étrangers, qu'une légère altération n'a pas assimilés, plus ou moins, aux mots indigènes.

J'ai établi les mêmes principes, au commencement de cet ouvrage.

II°. Que *les phrases soient aussi allemandes.*

Les langues se divisent en deux classes, en *analogues* et en *transpositives.*

Dans les *analogues,* le subjectif est à la tête de la phrase: ensuite, vient l'attributif. L'objectif se place naturellement après ce dernier: le terminatif, le circonstanciel et l'adjonctif sont un peu moins fixes. Mais si l'arrangement de ces divers membres constructifs n'est pas toujours invariable, on peut dire, au moins, que, dans ces sortes de langues, c'est l'ordre naturel des idées qui est toujours suivi.

Dans les *transpositives,* au contraire, cet ordre naturel des idées est sacrifié à leur degré d'importance; c'est-à-dire, que les mots sont distribués, dans la phrase, de manière à fixer l'attention, d'abord, sur ceux qui sont les plus intéressans dans la circonstance actuelle, et ensuite, sur ceux qui le sont le moins.

Par cela même, et tous autres avantages d'ailleurs égaux ou compensés, les premières doivent être plus propres aux ouvrages de raisonnement et de philosophie; et les secondes, à l'éloquence et à la poésie.

La langue françoise est *analogue*; et l'allemande, *transpositive.* Mais quoique leur marche soit généralement déterminée par leur nature, il est bien des occasions, où elles s'en écartent. Lisez les orateurs et les poëtes françois, par exemple: partout, chez eux, vous trouverez des inversions, où l'on reconnoît à peine le génie de la langue.

Il n'en est pas moins vrai, cependant, que, dans les langues *transpositives,* comme dans les *analogues,* on ne doit que le moins qu'on peut s'écarter des procédés, qui constituent essentiellement leur différence; et qu'afin que les *phrases soient allemandes,* et, par conséquent, conformes aux lois de la pureté, il faut que les mots n'y occupent jamais (à quelques exceptions près) que le rang et la place, que leur assigne le génie des langues *transpositives,* dont l'allemande fait partie.

III°. Enfin, que *la grammaire y soit exactement observée.*

Un auteur peut être fécond en idées brillantes, en beaux sentimèns, en pensées intéressantes; avoir même des grâces et des tournures ingénieuses. Mais ces qualités, quoique précieuses, ne suffisent pas pour assurer sa gloire, et pour faire passer son ouvrage à la postérité: il faut qu'il y joigne la correction grammaticale. Despréaux l'a dit avant moi:

> sans la langue, en un mot, l'auteur le plus divin
> est toujours, quoiqu'il fasse, un méchant écrivain.

Quant aux mots, il faut se garder d'en employer, qui ne soient décens, agréables, clairs, intelligibles, et tout-à-fait allemands.

Tout peuple se caractérise par son langage. S'il use de termes grossiers, si ses discours font rougir la pudeur, si les images, sous lesquelles il peint les objets physiques et les sentimens, allarment l'innocence et la vertu; ou il est encore barbare, ou bien près d'être replongé dans la barbarie par la dégradation de ses moeurs.

On peut être, sans doute, fort corrompu, et s'exprimer en tout avec décence; mais la retenue, la circonspection en ce genre, produite par le respect humain, prouve au moins la civilisation et les lumières; et c'est dans ce sens, que La-Rochefoucault disoit, que *l'hypocrisie est un hommage que le vice rend à la vertu.*

On ne peut, au contraire, être indécent dans son langage, et n'avoir pas les moeurs corrompues; et, conséquemment, on doit espérer, que nos philosophes allemands, en s'occupant de l'amélioration de leur langue, banniront, avec le plus grand soin, de leur vocabulaire, toutes les expressions obscènes et basses.

Il leur importe d'autant plus de se pénétrer de la nécessité de cette suppression, que, comme les moeurs influent sur le langage, le langage, à son tour, n'a pas moins d'influence sur les moeurs elles-mêmes. Qui doute de cette vérité? Ne nous est-elle pas démontrée par l'expérience? Si donc une nation doit travailler sans cesse à corriger ses moeurs, elle n'est pas moins intéressée à épurer son langage.

Les mots, suivant Leibnitz ne doivent pas seulement être *décens:* il faut encore qu'ils soient *agréables.*

En quoi consiste cet agrément? A peindre les objets, les idées, les sentimens, sous les diverses couleurs qui leur conviennent, tantôt par des sons doux, harmonieux, éclatans, et tantôt par des sons âpres, rudes et discordans; quelquefois par la légéreté, la vivacité, la chaleur, et quelquefois par la pesanteur, la pompe et la maje-té, dont ils sont susceptibles.

Mais c'est ici que les langues different le plus les unes des autres: elles sont nées de la nécessité; et partout, elles portent l'empreinte et la marque de leur origine.

Les peuples septentrionaux, envers qui la nature est si avare, et qu'elle prive de la plûpart des avantages qu'elle prodigue dans des climats plus fortunés, ne sauroient avoir des organes fort délicats. Ils éprouvent une foule de besoins toujours renaissans, et ne parviennent à les satisfaire, qu'à force de travail, de peine, de lassitude. Ils parlent donc bien moins qu'ils ne crient; et leurs langues sont aussi âpres et dures, qu'elles sont bruyantes.

Les peuples méridionaux, au contraire, ont des passions, plutôt que des besoins; ou, pour parler plus exactement, ils ne connoissent de besoins, que ceux, que produisent leurs passions elles-mêmes. La nature fait tout pour eux; et les inflexions de leur voix sont nécessairement douces et touchantes, comme doivent l'être tous les mouvemens de leurs ames dans le sein de toutes les jouissances.

Les premiers, dit J. J. Rousseau, sont *faciles à irriter: tout ce qu'on fait autour d'eux, les inquiète. Leur tempérament irascible se tourne en fureur contre tout ce qui les blesse. Ainsi, leurs voix les plus naturelles sont celles de la colère et des menaces.* Comment leurs langues ne seroient-elles pas sourdes, rudes, articulées, criardes et monotones?

Les seconds, ajoute ce grand homme, *sont tendres et voluptueux; et la même différence se fait remarquer dans leurs langues: elles sont vives, sonores, accentuées;* mais foibles quelquefois, et souvent sans couleurs.

Telle est l'influence du climat sur les langues en général. C'est aux philosophes à perfectionner leurs avantages naturels, et à corriger, du moins en partie, ce qu'elles ont reçu, des mêmes causes physiques, de défectueux et de désagréable.

Les Allemands ont le droit de vanter la leur, sous plusieurs rapports: mais à quels efforts ne doivent-ils pas se livrer, s'ils veulent réussir à lui faire perdre cette rudesse, cette âpreté, cette dureté rebutante, qui, peut-être, la caractérise plus que toute autre langue du Nord?

Leurs mots ont peu de voyelles, et beaucoup de consonnes: les articulations gutturales, surtout, y sont très-nombreuses.

Ils ne peuvent donc donner que des sons foibles et confus: l'organe ne peut jamais les rendre avec aisance et volubilité: et comme le sentiment de dureté ou de douceur, dont l'oreille est affectée, dépend du passage pénible ou facile de l'un à l'autre des mouvemens variés, que l'organe exécute, ils ne sauroient avoir aucune espèce de mélodie.

On me dira »qu'il est des écrivains, dont le »style est doux, coulant, harmonieux, et beaucoup plus de poëtes encore, dont les vers ont »ces qualités au plus haut degré«.

Je réponds, que cela peut être; mais, qu'alors c'est le génie et le goût des auteurs, qui méritent d'être admirés, et non pas la langue; qu'un petit nombre d'exceptions ne détruit point une vérité générale; et que, de même que la fréquence des voyelles rend la langue italienne, par exemple, très-susceptible de mélodie, celle des consonnes dans l'allemande nuira toujours à la douceur qu'on voudroit lui donner.

»Une langue (dit M. Marmontel), qui n'a »que des syllabes âpres et fermes, a le défaut »d'un monocorde: c'est de la variété des voyel»les et des articulations, que dépend la fécondi»té d'une belle harmonie«.

La troisième qualité, que Leibnitz requiert dans les mots, c'est *qu'ils soient clairs;* et c'est assurément l'une des plus essentielles.

Mais, pour bien déterminer, en quoi consiste la *clarté des mots*, il est nécessaire de les diviser en leurs différentes classes.

Ceux, qui servent à exprimer les objets de la nature, sont *clairs*, lorsqu'ils réveillent nécessairement l'idée de ces objets dans l'ame d'autrui.

Il faut pour cela, qu'ils ne soient point applicables à plusieurs choses individuelles en même temps (car autrement ils seroient équivoques); et que l'usage les ait si bien établis dans la langue, que les ignorans seuls puissent en méconnoître l'emploi.

Ceux, qui sont destinés à exprimer les objets moraux et les différentes abstractions de l'esprit, sont également *clairs*, lorsque leur signification ne varie pas au gré des divers systèmes philosophiques.

Je dois remarquer, que, parmi ceux-ci, il y en a infiniment plus d'obscurs que de *clairs*, dans toutes les langues; qu'il ne regne tant de disputes entre les diverses sectes des philosophes, que parce que la plûpart des expressions, qui leur sont communes, n'ont encore qu'une valeur arbitraire ou indéterminée; et qu'enfin, le langage ne se perfectionnera à cet égard, qu'en proportion des progrès, plus ou moins grands, de la saine philosophie.

Les mots figurés, à leur tour, sont encore *clairs*, lorsque les rapports entre les objets sensibles et nos idées, d'après lesquels est déterminée la translation de ces mots du sens naturel au sens figuré, sont tels, au plus simple aperçu, qu'il est impossible aux autres de ne pas les voir aussi bien que nous.

Mais ici, la *clarté* n'est que relative. Elle doit être naturellement plus vive pour celui qui emploie ces sortes de mots, que pour celui qui les entend. Le coup-d'oeil de la passion est prompt et rapide; et à quelque distance que soient, les uns des autres, les objets qui l'excitent, l'homme passionné saisit à l'instant leur ressemblance. Il n'en est pas ainsi de celui, qui ne fait qu'entendre le langage figuré qu'on lui parle: il est froid et tranquille; et, par conséquent, il a toujours besoin d'un peu de réflexion, pour apercevoir avec nettetté le rapprochement des objets extérieurs et de nos idées. De-là, la nécessité de n'user d'expressions figurées, que dans les occasions, où le motif de leur translation du sens naturel est *clair* et sensible.

La quatrième qualité, que demande Leibnitz dans les mots, c'est qu'ils soient *intelligibles*.

Ce précepte n'est rien moins qu'inutile. Un seul exemple suffira, pour en faire saisir l'esprit et le but.

Transportons-nous au temps, où l'on a créé les mots, *urbanité* et *rusticité*. Personne n'ignore aujourd'hui, que le premier désigne cette politesse dans les moeurs, dans les manières, dans les discours, qui caractérise les habitans des villes, et que les hommes, réunis en société, contractent respectivement entr'eux; que le second, au contraire, désigne cette grossiéreté apparente, qui est également la suite nécessaire de la vie de la campagne, où l'on jouit des bienfaits de la nature, sans se mettre en peine de cultiver son extérieur; où l'on est trop isolé, trop indifférent aux divers objets des passions humaines, pour songer aux moyens de plaire; où l'on ne connoît, enfin, ni les lois austères des bienséances, ni les caprices, plus impérieux encore, de l'opinion.

Mais, avant que l'usage eût rendu ces mots familiers, et en eût fixé la valeur précise, qu'ont dû faire les inventeurs, en les faisant passer dans la langue commune? Ils ont dû joindre, au mot *urbanité* celui de *politesse*, et au mot *rusticité*, celui de *grossiéreté*, qui, placés avant ou après ceux de création nouvelle, ne laissent plus aucun doute sur leur signification.

La dernière qualité, que désire Leibnitz dans les mots de sa langue, c'est *qu'ils soient tout-à-fait allemands*.

On interpréteroit fort mal sa pensée, si l'on croyoit qu'il a voulu rigoureusement bannir toutes les expressions étrangères. Un aussi grand homme n'ignoroit pas, que jamais aucune langue n'a été formée que de mots indigènes. Il a voulu dire seulement, qu'on doit éviter avec soin, dans les mots allemands, tout ce qui pourroit leur donner l'apparence et l'air étranger.

J'ai fait plusieurs fois la même remarque; et je ne dois pas me lasser de la répéter, tant les préjugés dominans, à cet égard, peuvent être nuisibles au progrès et à l'amélioration de la langue.

Je suis d'abord d'avis, qu'on n'admette que le moins de mots étrangers qu'il est possible, et seulement quand la plus pressante nécessité le requiert.

C'est ainsi qu'on devroit en user chez toutes les nations. Il n'est, ni sensé, ni honorable, de recourir à ses voisins dans les choses, qu'on peut faire soi-même tout aussi bien; et, en fait de langues, surtout, il n'y a que l'impérieuse loi de l'indigence, qui puisse excuser les emprunts.

Je pense, ensuite, qu'il faut faire une différence entre les auditeurs et les lecteurs. Ce que l'on récite, doit être entendu et compris de tout le monde. Mais quand on écrit pour des savans, pour des magistrats, pour des politiques, on peut se donner une libre carrière.

Il est moins question, dans ce passage, des mots tirés de l'étranger et dont on enrichit sa langue, que des citations, qu'on se permet quelquefois de faire, en récitant ou en écrivant, soit de phrases entières, soit de plusieurs expressions étrangères.

Les prédicateurs, du tems de Leibnitz, remplissoient leurs discours de citations latines. Il proscrit cet usage comme abusif, puisque la plûpart de leurs auditeurs étoient incapables de les entendre. Mais il le tolère dans les écrits, faits pour être lus des savans; et cette distinction est dictée par le bon-sens, et fondée sur les lois éternelles du goût.

Les prédicateurs françois, du siècle même de Louis XIV, ont mérité le même reproche que les allemands. Mascaron, dans ses oraisons funèbres, ne se contente pas de citer sans cesse des textes de l'Écriture, et de les parodier en quelque manière: il y fait le mélange le plus bizarre du sacré et du profane; et, chez lui, Horace, Virgile, Ovide, Cicéron, Salluste, Tite-Live, Tacite, figurent bien souvent à côté de Job, d'Isaie, d'Ezéchiel, de St. Matthieu, de St. Jean, et des pères de l'église grecque ou latine. Bossuet, Fléchier, Massillon, Bourdaloue, sont quel-

quelquefois tombés eux mêmes dans ce défaut: tant il est difficile aux plus grands génies même de se soustraire entiérement à l'empire des habitudes!

On peut, à la vérité, citer quelquefois dans nos chaires un mot latin ou tiré du latin et d'une énergie singulière: mais il en faut donner immédiatement après l'explication, afin de satisfaire tout l'auditoire.

Leibnitz nous fournit lui-même ici la preuve de la force des habitudes sur les meilleurs esprits. Il étoit accoutumé à voir les prédicateurs, non seulement puiser leurs sujets dans un texte de l'Écriture, mais encore étayer leurs raisonnemens de divers passages des écrivains sacrés; et s'il sentoit l'absurdité d'une pareille méthode, du moins n'osoit-il la faire sentir aux autres.

Pourquoi faut-il un texte à un sermon? Seroit-il plus difficile de proposer son sujet sans cette formule? Je pense, au contraire, qu'elle ne fait le plus souvent qu'embarrasser l'orateur; et que, pour adapter sa matière à son texte, on est presque toujours obligé de prendre des tournures forcées.

Qu'est-il besoin encore de remplir son discours de citations latines? Si elles sont intéressantes, il importe, sans doute, de les traduire avec fidélité, pour les offrir à ses auditeurs;

mais est-il nécessaire, après les avoir traduites, de les reproduire dans la langue originale?

Il seroit à souhaiter, qu'en Allemagne et ailleurs, les prédicateurs françois de la religion réformée se défissent enfin de ce mauvais goût: car, chez eux, il est bien plus sensible, bien plus choquant, qu'il ne l'est chez les prédicateurs de la religion catholique. Ceux-ci font usage de la Vulgate, qui n'est pas, j'en conviens, de la latinité la plus élégante ni la plus pure, mais qui, néanmoins, est généralement supportable, surtout pour des hommes peu capables d'apprécier le langage du beau siècle d'Auguste. Ceux-là, de leur côté, se servent d'une ancienne traduction en langue vulgaire, dont le style barbare et gothique contraste fort souvent de la manière la plus singulière avec l'élocution brillante de leurs orateurs; et ces citations littérales n'eussent-elles que ce défaut, mériteroient bien assurément d'être abandonnées. Mais il faut bien du courage pour secouer le joug de la coutume et des préjugés; et comme je l'ai observé au sujet de Leibnitz, les hommes les moins faits pour en être esclaves, sont eux-mêmes réduits à la nécessité de se plier au goût de leurs contemporains, parce qu'ils savent qu'on ne le blesse jamais impunément.

C'étoit autrefois l'usage de se servir d'expressions latines dans les tribunaux; et cet usage ne s'étoit pas seulement introduit en Allemagne.

Il ne regnoit pas moins généralement en France. On lit dans des essais critiques sur le goût, que, lorsque les orateurs du barreau ne pouvoient citer de beaux passages latins, ils s'en dédommageoient *par de petites particules, qui, semées çà et là dans le discours, lui donnoient, selon eux, un éclat et un prix inestimable.*

Voici, dit l'auteur, *comment un avocat commençoit son plaidoyer, en parlant pour sa fille:* »cette fille mienne, Messieurs, est heureuse et mal»heureuse: heureuse, *quidem*, d'avoir épousé le »sieur de la Hunaudière, gentil-homme des plus »qualifiés de la province; malheureuse, *autem*, »d'avoir pour mari le plus grand chicaneur du »royaume, qui s'est ruiné en procès, et qui a ré»duit cette pauvre femme à aller de porte en »porte pour demander son pain, que les Grecs »appeloient *ton arton.*«

Dans un siècle comme le nôtre, où la saine raison et le bon goût sont aussi universellement répandus, on a bien de la peine à se persuader, que de pareilles sottises aient pu exister, sans exciter les huées, non seulement des hommes instruits, mais de la populace même la plus ignare et la plus grossière. Cela n'est pourtant que trop vrai; et ce qu'il y a de plus déplorable, c'est qu'en bien des choses, le genre humain ne se montre pas de nos jours sous des aspects plus avantageux. Que de ténèbres ne couvrent pas encore ce bas-monde que nous habitons? A quelles superstitions absurdes ne sont pas encore livrés ces foibles mortels, si fiers de leur vain savoir et de leurs lumières! Sous combien de rapports, enfin, ne sommes-nous pas encore des Etres dégradés et au dessous de la brute! Le génie de l'homme nous étonne quelquefois par sa grandeur: mais, souvent aussi, il nous humilie par sa petitesse.

Aujourd'hui, plusieurs tribunaux et facultés ont adopté la louable coutume de rendre leurs arrêts en allemand, et veulent même que cette coutume soit observée dans tout le cours des procès.

C'est ce qui se pratique à Berlin, et apparemment dans tous les Etats prussiens. Mais je ne vois pas sans surprise, qu'au sein d'une capitale aussi éclairée, on continue toujours d'employer des phrases latines, dans des choses même, qu'il seroit si facile de bien rendre en allemand.

Que, dans une sentence motivée, on rapporte en latin une loi romaine, comme argument en faveur de la décision qu'on a portée; à la bonne heure! mais n'est-il pas ridicule, que, jusques dans les feuilles publiques, où l'on imprime journellement des citations judiciaires, on trouve toujours ce mélange risible du latin et de l'allemand, qu'aucune nécessité ne peut légitimer?

De là résultent deux vérités: l'une, qu'il faut des siècles, pour s'élever au dessus de préjugés dominans ou d'habitudes invétérées; et l'autre, que le pédantisme fut, et sera à jamais, l'un des vices les plus indestructibles des hommes de loi.

Il est très-difficile, pour ne pas dire impossible, de se passer entiérement du latin, du françois et de l'italien, dans les écrits politiques, relatifs aux affaires et aux droits des souverains.

J'ignore, pourquoi Leibnitz ne joint pas le grec aux trois langues dont il fait ici mention: car, en matière de gouvernement et de politique, les auteurs grecs sont ceux, qu'on doit consulter de préférence, et qui ont fourni aux peuples modernes le plus de notions et d'expressions exactes. Ils ont été les maîtres des Latins: c'est la législation d'Athènes, qui fut la base de la législation de Rome: c'est la sagesse de Solon, qui éclaira le sénat romain: ce sont les célèbres orateurs de la Grèce, qui servirent toujours de guides et de modèles à ceux de la république romaine: c'est dans les livres immortels de Platon et d'Aristote, que Cicéron puisa la plus grande partie de son traité *des lois*.

On sait bien, que les Romains ajouterent infiniment aux idées des Grecs sur toutes les parties de la législation: leurs conquêtes, leurs alliances, la diversité des peuples qu'ils soumirent à leur domination, les différentes révolutions qu'éprouva successivement leur gouvernement; toutes ces circonstances concoururent à étendre leurs lumières, et à augmenter le nombre d'expressions nécessaires à la langue de la politique: mais comme ils emprunterent des Grecs la plûpart de leurs mots, c'est toujours à ceux-ci qu'il faut remonter, pour approfondir les maximes et le langage, qui concernent *les affaires et les droits de la souveraineté.*

Quant aux Italiens, je ne nie pas, qu'ils n'aient transmis à toutes les autres nations de l'Europe, ce qu'on a appelé jusqu'ici les *principes de la politique*, et, par conséquent, une grande partie de la langue qui lui est propre: mais j'ose dire, que les livres de cette nation, depuis long-temps dégénérée, et qui ne nous offre plus qu'une bien foible image de son ancienne splendeur, ne sont pas la meilleure des sources, où l'on puisse aujourd'hui puiser.

Les Italiens, il est vrai, ont toujours eu, ils ont même encore, de très-grands hommes dans les matières de législation, d'administration et de droit public. Mais, chez eux, combien de Machiavels pour un Filinghieri! Et combien de sophismes pour une véritable maxime!

Or, quand une nation est, en général, aussi corrompue que l'est celle-ci, dans ses moeurs et dans ses principes, on ne peut emprunter d'elle qu'un langage vicieux et peu digne d'un peuple, qui prend la justice et la vertu pour règles de sa conduite, et la vérité, pour l'unique objet de ses recherches.

Un peu plus de modération à cet égard n'y seroit pourtant pas mal. Au moins, ne faudroit-il pas permettre, que le françois y prît la place de l'allemand, surtout, si ce dernier idiome étoit par hazard plus propre pour y traiter ces grands objets, que le françois, ainsi qu'il me l'a semblé plus d'une fois.

Depuis le ministère du cardinal de Richelieu, la France a eu la gloire de faire adopter sa langue par toutes les cours de l'Europe, pour les négociations, les correspondances et les traités; et durant le regne, à jamais mémorable, de Louis XIV, elle l'a vue se répandre de plus en plus dans tous les Etats.

Ce prince sut prendre un tel ascendant sur les autres monarques; il porta si loin l'éclat de son nom et de sa puissance; il fit fleurir à un tel degré de splendeur les sciences et les arts dans toute l'étendue de son royaume, qu'il fixa les regards de toutes les nations sur la sienne, et qu'il rendit la langue françoise la langue universelle de l'Europe et presque de l'Univers.

Partout, les hommes qui se piquerent de politesse et d'éducation, s'empresserent de l'apprendre, de la parler. Les livres françois circulèrent de tous côtés. Il ne fut plus permis d'ignorer un idiome, qui mettoit à portée de lire tant de belles productions, tant de modèles de toutes les sortes; et dans tous les pays éclairés, la classe la plus distinguée de la société devint, pour ainsi dire, toute françoise.

Ajoutons à cela la dispersion de tant de françois, qui, après la révocation de l'édit de Nantes, ont porté leur langue dans les différentes contrées de l'Europe, où l'on a eu la sage politique de les accueillir comme des victimes de l'intolérance et du fanatisme.

C'est à ces différentes causes, sans doute, qu'il faut rapporter cette espèce d'universalité, que notre langue a obtenue depuis un siècle et demi, et qu'elle conserve encore de nos jours, surtout, dans les cabinets des princes et dans les affaires publiques.

Mais il existe une autre cause de ses progrès et de son empire en Europe; et cette cause, qui est peut-être la principale, on la trouve dans ses qualités distinctives.

Leibnitz ne craint pas de mettre en question, *si l'allemand n'est pas plus propre que le françois aux discussions politiques;* et il croit même pouvoir la résoudre en faveur de sa langue.

Je suis très-éloigné d'embrasser son opinion, qui me paroît entièrement fausse, uniquement dictée par la prévention nationale; et je me fonde sur plusieurs raisons.

D'abord, la langue allemande est *transpositive*, et la françoise, *analogue*. Or, comme les affaires et tous les objets de la politique exigent la méthode la plus exacte, soit dans l'exposition, soit dans la discussion, il est, selon moi, démontré jusqu'à l'évidence, que, d'après sa nature même, la langue françoise doit être préférée à la langue allemande. Elle est, plus que toute autre, la langue de la philosophie et de la raison, ainsi que je l'ai ci-devant observé; et si l'allemande a sur elle quelques avantages particuliers, tel que de se prêter davantage à l'expression des sentimens, d'être plus oratoire et plus poétique, ce n'est pas assurément d'avoir plus de clarté, plus de netteté, plus de précision.

Cette même langue, ensuite, est bien plus correcte, a bien moins d'expressions équivoques, est bien plus fixée que sa rivale. Les plus zélés partisans de celle-ci ne le nient pas; et Leibnitz lui-même est d'accord avec nous sur ce point. Or, à moins que la politique, au lieu de vouloir porter la lumière dans ses discussions, ne cherche à les obscurcir, il est certain qu'elle se déterminera toujours en faveur de l'idiome françois.

La seule circonstance, qui pourroit engager un Allemand à se servir préférablement de sa langue, ce seroit celle, où il s'agiroit d'approfondir des questions relatives à la constitution de l'empire germanique et aux droits particuliers des différens Etats qui le composent: car, comme cette constitution a ses propres élémens, et que chaque souveraineté qu'elle embrasse, a peut-être des droits qu'on ne retrouveroit point ailleurs, il est possible que la langue allemande emploie beaucoup de termes, que la françoise ne peut fournir. Mais cette hypothèse ne détruiroit point les principes, que je viens d'établir sur celle des deux langues, qui est la plus convenable à la politique en général.

D'ailleurs, dans les pièces, où il ne s'agira, ni de sciences, ni d'arts, ni de doctrine quelconque, mais seulement d'éloquence et de goût, il ne faut absolument faire usage d'aucun mot étranger, que la nécessité n'en soit indispensable.

Les ouvrages d'éloquence et de poésie, tous les écrits consacrés à l'agrément, au plaisir, et dans lesquels les lois du goût doivent être le plus inviolablement observées, n'admettent guères que des mots usuels. Il est donc nécessaire, ou que les mots soient tirés du fonds de la langue, ou que, s'ils sont empruntés de l'étranger, ils portent, dans la terminaison surtout, l'empreinte du génie même de cette langue.

Toute autre interprétation de ce passage nous exposeroit à imputer à Leibnitz une absurdité; et nous ne lui ferons pas gratuitement cette injure.

Dans un poëme allemand, bien imaginé et bien exécuté, un terme françois seroit assurément une tache. Il en seroit de même, si l'on en glissoit dans les romans, dans les panégyriques, dans les harangues, dans les histoires d'un certain genre, et généralement dans les traductions de ces sortes de pièces, dont l'agréable n'est pas moins l'objet que l'utile.

Ce seroit effectivement une tache, tant que les termes françois, que les Allemands ont adoptés, seront maintenus dans leur costume primitif et originaire. Mais ce n'en seroit plus une, si jamais on réussissoit à donner à tous ces mots d'emprunt la forme et le caractère, qui conviennent à la langue allemande.

J'ignore, si cette réforme si désirable est susceptible d'exécution. Il ne m'appartient pas de décider cette question importante; les Allemands seuls peuvent la résoudre. Je sais seulement, que les François ont su naturaliser presque tous les mots, qu'ils ont pris des langues mortes ou étrangères; et que ce n'est pas le moindre mérite de leur langue.

Il faudroit, une fois pour toutes, déclarer allemands, tous les mots, qui n'ont que l'appa-

rence de l'être, et que cependant on n'ose plus regarder comme étrangers. Il faudroit les écrire dorénavant en lettres allemandes et ne plus les distinguer par des bâtardes, et ôter par-là tout le scrupule qui peut être resté à leur sujet, aux amateurs zélés de la pureté de la langue allemande.

L'expédient est bien petit! Un changement dans la forme des lettres ou caractères alphabétiques, n'en est pas un dans l'essence et la contexture des mots eux-mêmes. S'y borner uniquement, pour la satisfaction des *amateurs zélés de la pureté de la langue allemande*, ce n'est pas les traiter en hommes raisonnables, mais en enfans, que bien peu de chose peut contenter.

La seconde partie de la pureté de la langue consiste dans sa justesse, selon les règles de la grammaire.

Après avoir parlé des mots, il étoit naturel de passer à l'emploi qu'on en doit faire dans la phrase, et, par conséquent, de songer aux imperfections de la grammaire, qui doit le déterminer.

Qu'il est fâcheux, que Leibnitz n'ait pas développé ce sujet important avec plus d'étendue! Il nous avertit lui-même *qu'il n'en dira que bien peu de chose*. Cependant, la grammaire est, pour toutes les langues, ce qu'il y a de plus essentiel; et, chez la plûpart des nations, ce genre d'ouvrage est, peut-être, ce que la littérature, ancienne et moderne, a malheureusement de plus incomplet et de plus négligé. Partout, on possède une infinité de grammaires: partout, néanmoins, on est fort loin encore du degré de perfection qu'il faudroit atteindre.

Quelle est l'espèce de savans qui se sont occupés jusqu'ici de ce travail? On ne rencontre guères parmi eux que des hommes d'un mérite équivoque: on y voit beaucoup d'érudits estimables, mais souvent ridicules par leur pédantisme et leur mauvais goût; quelques philosophes, capables de penser profondément et d'éclaircir les matières les plus abstraites et les plus embrouillées; mais bien rarement des littérateurs assez habiles, pour donner à la fois l'exemple et le modèle.

Or, une grammaire ne peut être parfaite, qu'autant qu'elle est le résultat des méditations, des recherches et des longs travaux d'un homme, qui, au génie, à la profondeur, aux connoissances variées du vrai philosophe, joint tous les talens, tout le goût, toute la pratique du littérateur le plus consommé.

La grammaire allemande est défectueuse: mais il ne sera pas difficile de réparer ce mal dans la suite du temps. Les réflexions de quel ques savans suffiront, pour applanir toutes les difficultés, qui peuvent se présenter sur ce sujet dans notre langue.

Quelle est la nation, qui ne pourroit faire modestement le même aveu, que fait ici Leibnitz? Mais tel est l'amour-propre des peuples et des individus, quand il est question de la gloire nationale, que, lors-même qu'ils sentent toute leur médiocrité, ils n'en conviennent presque jamais, du moins, hautement; et qu'ils cachent souvent aux autres, ce qu'ils ont de foible et de défectueux, avec d'autant plus de soin, qu'ils ne peuvent se le dissimuler à eux-mêmes.

Mais, en applaudissant à la noble franchise de Leibnitz, j'observe qu'il s'est fait illusion sur la facilité de remédier aux diverses imperfections de la grammaire allemande. Il a cru, que *les réflexions de quelques savans* suffiroient pour les faire disparoître; et l'expérience a prouvé depuis, qu'il s'étoit trompé.

Il y a près d'un siècle, qu'il a composé cet écrit; et sa langue est encore, à peu de chose près, embarrassée des mêmes difficultés que de son temps; c'est qu'en tout genre, rien ne se perfectionne plus lentement que l'art, qui doit en étendre et en perpétuer les succès; c'est, qu'il faut qu'une nation ait déjà produit un grand nombre de chefs-d'oeuvre, avant qu'il se présente, chez elle, un homme de génie, capable de former un système philosophique et complet, pour servir de guide et de flambeau à ceux qui embrasseront la même carrière; c'est enfin, que l'homme à talent est tout de feu, s'il a le bonheur de rencontrer un sujet analogue à son goût et à ses dispositions, et qu'il est tout de glace, au contraire, s'il ne s'agit que d'analyser méthodiquement les beautés et les défauts, dont un genre quelconque est susceptible, et de fonder un art sur une multitude d'observations subtiles et minutieuses.

On sait, que, dès le temps de Charlemagne, on avoit commencé à travailler à une grammaire allemande. Cependant, peut-être de nos jours, n'en avons-nous pas encore une, qui soit exacte et suffisante.

C'est-là précisément ce qui a dû retarder les progrès de la langue, au lieu de les accélérer. On se hâte toujours trop de bâtir des systèmes. En physique, en mécanique, en chimie, en botanique, en médecine et autres sciences de cette espèce, il est nécessaire de rassembler long-temps des faits isolés et des observations particulières, si l'on veut en tirer des principes élémentaires, qui éclairent l'esprit, et qui servent à le diriger dans ses productions. A plus forte raison, doit-on procéder avec cette sage lenteur en matière de langues.

Qu'est ce-que la grammaire? C'est la science du discours; c'est l'art qu'il faut suivre, soit en parlant, soit en écrivant, pour ne jamais s'exprimer que correctement, et conformément à l'usage.

Or, cette science ou cet art n'est qu'une collection méthodique de principes généraux et de règles particulières, que la pratique des bons écrivains peut seule fournir.

Il est donc indispensable, pour entreprendre avec succès de recueillir ces règles et ces principes élémentaires, d'attendre, qu'il y ait dans la nation des modèles de langage et de style, assez parfaits, pour donner lieu à des observations exactes et qu'on puisse réduire en maximes.

Mais, c'est ce qu'on n'a jamais fait. On remarque même, que plus un peuple, plus un individu est ignorant, plus il se croit en état d'établir des systèmes sur les divers objets qu'il a embrassés. La présomption fut et sera toujours la compagne de l'ignorance.

Que pouvoit être la langue allemande, du temps de Charlemagne? L'Europe entière étoit alors plongée dans la grossièreté, la superstition et la barbarie. Il y avoit partout, sans doute, des écrivains; mais ces écrivains étoient sans goût, sans discernement.

Il n'étoit donc pas temps encore de soumettre le langage à des règles fixes.

Quoique des François, qui, depuis quelque temps, s'appliquent fort à l'étude de notre langue, se soient chargés d'en produire une, on doute, avec raison, du succès de leurs soins.

Au lieu de dire simplement, *qu'on doutoit du succès de leurs soins,* Leibnitz pouvoit assurer sans crainte, que jamais ils n'atteindroient leur but.

Dans tous les temps, en effet, un pareil projet de leur part n'aboutira qu'à confirmer cette vérité d'expérience, que l'ignorance est toujours accompagnée de la présomption.

Quand on étudie une langue étrangère, on fait sagement, j'en conviens, d'en recueillir les règles et les principes: car, autrement, on ne marche qu'à tâtons; on fait entrer des mots dans sa tête; et, si l'on est doué par la nature d'une heureuse mémoire, on réussit enfin à apprendre cette langue mécaniquement et par l'usage.

Mais si cela suffit dans un âge tendre, il faut quelque chose de plus dans un âge de maturité, où l'esprit a reçu son développement. C'est alors qu'il importe de discuter les principes, et de rechercher les raisons philosophiques, qui ont donné lieu à l'établissement des règles, puisque cette connoissance seule fait le grammairien, et supplée quelquefois la pratique.

Je ne puis donc qu'approuver les François, lorsque, dans l'étude de la langue allemande, ils s'efforcent d'en approfondir les divers élémens: mais je ne les trouve que présomptueux et ridicules, lorsqu'ils osent témérairement entreprendre de les réduire en art et en système; ce qui, selon moi, n'appartient qu'aux Allemands eux-mêmes, à qui l'habitude, l'exercice, de continuelles méditations ont fait saisir, par rapport à l'emploi des mots et à la structure de la phrase, une infinité de choses, qui doivent nécessairement échapper à des étrangers.

On n'ignore point, combien de difficultés et de doutes se présentent encore aujourd'hui, et à chaque instant, dans la langue françoise. Pour s'en assurer, on n'a qu'à parcourir les remarques de Vaugelas, de Ménage et de Bouhours, pour n'en pas citer d'autres.

Ces *difficultés* et ces *doutes* ont subsisté long-temps encore depuis Leibnitz, parce que, parmi cette foule immense de grammairiens que la France n'a cessé d'avoir, il ne s'est pas rencontré un seul homme d'assez de génie, ou assez philosophe, pour bien saisir l'esprit, le caractère et la marche qui distinguent essentiellement la langue françoise de toute autre.

Jettons, pour nous en convaincre, un coup-d'oeil rapide sur quelques-uns de ceux qui ont précédé Mrs. l'abbé Girard, Du-Marsais, l'abbé de Condillac, Beauzée, d'Açard, l'abbé d'Olivet et Roubaud. On va voir, si de pareils hommes étoient faits pour lever les *difficultés* et les *doutes* dont parle Leibnitz.

Avant l'établissement de l'Académie françoise, il avoit déjà paru une infinité de grammaires: mais elles avoient, presque toutes, été composées par des auteurs de la classe la plus obscure; et à peine l'histoire de notre littérature nous a transmis les noms de quelques-uns d'entr'eux.

Le cardinal de Richelieu, qui fonda l'Académie en 1635, joignit, à ses autres obligations, celle de donner une grammaire: de sorte que, pour s'y préparer, elle fit des observations sur les *Remarques de Vaugelas.* »Mais (dit Mr. l'abbé »d'Olivet) cette compagnie, dans l'examen des »doutes sur la langue, jugea bientôt, qu'un »ouvrage de système, tel qu'une grammaire, ne »pouvoit être conduit que par une personne »seule; et elle en donna le soin à l'abbé Reg»nier, qui y employa tout ce qu'il avoit acquis »de lumières par 50 ans de réflexions«.

Jusques-là, rien n'est plus défectueux que les grammaires françoises; ou, plutôt, rien n'est plus propre à égarer ceux, qui veulent connoître les vrais élémens de notre langue.

Dès 1572, Pierre Ramus essaya:

I°. De fixer les déclinaisons des noms et les conjugaisons des verbes. Il ignoroit, que le françois n'admet, relativement aux noms, aucune déclinaison, puisqu'ils ne changent jamais de terminaison, n'étant susceptibles que de nombres.

Et II°. De déterminer, par la syntaxe, l'ordre des mots dans la structure de la phrase. Mais, jugeant de la langue françoise par la latine, dont il avoit toujours fait sa principale étude, il établit des règles, aussi fausses que ridicules, puisqu'une langue *analogue*, telle que la nôtre, ne peut avoir la même construction qu'une langue *transpositive*, telle que la latine.

Depuis 1604, jusques vers le milieu du 17me siècle, une multitude d'auteurs se fit remarquer dans cette carrière.

Jean Baptiste Duval avoit, dans son style, de la pureté, de la clarté, de la précision: mais sa théorie grammaticale manquoit de justesse et d'exactitude.

Charles Maupas, dénué de talens autant que de philosophie, ne fit qu'embrouiller les règles, établies par Ramus, son modèle, au lieu de les éclaircir.

Jean Masset ne rendit pas de plus grands services à la langue, qu'il se crut appelé à perfectionner. Son *Introduction* fut, à la vérité, recherchée de ses contemporains: mais il n'est plus aujourd'hui, ainsi que ses prédécesseurs, qu'un écrivain obscur et presque oublié.

Tels furent encore, Oudin, qui copia servilement Maupas ou Ramus; et Du-Tertre, dont la production parut si médiocre, quelle ne jouit pas même d'un succès éphémère.

En 1651, le père Chifflet publia une grammaire, assez exacte quant aux règles: mais ce jésuite n'avoit pas le talent d'écrire; et l'on s'apperçoit, en le lisant, qu'il est rempli de tournures et d'expressions provinciales, et peu conformes au bon usage.

On lui préféra, de son temps, Irson et Filz; et assurément, ces noms-là ne sont pas bien illustres dans l'histoire de notre langue.

Alcide de St. Maurice entreprit d'en éclaircir les principales difficultés; et René Milleran compila, dans sa *Nouvelle grammaire*, tout ce qu'il trouva de meilleur dans celles qu'on avoit déjà: mais l'un n'étoit pas assez philosophe, pour fixer les règles; et l'autre, ne puisant que dans de mauvaises sources, ne fit presque que propager d'anciennes erreurs.

En 1664, Claude Lancelot commença à fonder l'étude des langues sur la philosophie: mais il y a loin encore de principes généraux, applicables à tous les idiomes, à ceux qui ne se rapportent qu'à une langue particulière.

Vers le même temps, le père Buffier attaqua vivement la *Grammaire de Mr. l'abbé Regnier*, et publia la sienne propre. La première édition est de l'année 1708; et la seconde est de 1732. On lui prodigua les plus grands éloges, quand elle parut; et l'on peut encore la lire avec quelque fruit.

Mais sur toutes ces différentes grammaires, Mr. Rollin donne la préférence à celle de Mr. Restaut. Elle est, j'en conviens, beaucoup plus exacte et beaucoup plus méthodique que celles de ses prédécesseurs. Cependant on peut dire, que les principes qu'elle contient, sont bien plus applicables à la langue latine, qu'à la françoise; et, à cet égard, il mérite les mêmes reproches que tous les grammairiens des temps antérieurs.

La langue françoise a, néanmoins, cet avantage, qu'elle est fille de la latine, dont les règles sont constantes depuis long-temps; avant nous, des plumes savantes se sont exercées à la perfectionner.

Il est très-vrai que la langue françoise est *fille de la latine*, puisque celle-ci lui a fourni la plus grande partie de ses mots: mais on seroit très-mal fondé à prétendre, qu'elle soit aussi *sa fille*, quant à la manière de procéder dans sa marche, puisque sa construction est essentiellement *analogique*, et que celle de la latine est *transpositive*:

Or, comme, dans ce passage, il est question de syntaxe, et non de simple nomenclature, je crois pouvoir affirmer que Leibnitz s'est trompé, en disant que *c'est un avantage*, qu'a la langue françoise sur l'allemande, *d'être née de la latine.*

Je conviens avec lui, que les règles de cette dernière *sont fixées depuis long-temps*: mais j'ose soutenir, que ces règles n'étant pas applicables à la première, c'est pour elle une source d'erreurs, bien loin d'être un moyen réel de perfectionnement; et l'expérience ne l'a que trop bien démontré.

Qu'ont fait nos grammairiens, en effet, quand ils ont voulu établir la langue sur des règles invariables? Ils ont oublié qu'elle étoit *analogue* par sa nature; et ils lui ont donné celles de la latine, qui est, aussi par essence, *transpositive.*

Notre grammaire n'a donc été, presque jusqu'à nos jours, qu'un recueil absurde de faux principes.

Il étoit réservé à Mrs. l'abbé Girard et DuMarsais de dissiper nos erreurs et nos préjugés. Ces deux grammairiens, vraiment philosophes, se sont attachés à reconnoître le génie particulier de la langue françoise: ils ont vu, que ce génie étoit tout différent de celui de la latine: et, en conséquence, ils ont substitué aux règles de celle-ci, celles que dictoient le bon sens et la vraie philosophie dans un idiome tel que le nôtre, et que *la superstition latine*, pour parler le langage de Leibnitz, avoit jusques-là méconnues.

La France n'a qu'une seule cour, qui réside au centre de la monarchie, et qui donne le ton en toute chose. Le parallèle qu'on feroit contre nous de Paris à Vienne, qui est situé au bout de l'Allemagne, seroit insoutenable; et, peut-être, ne seroit-il pas exactement juste, si l'empereur tenoit son siège au centre de l'empire.

On ne cesse de parler de l'influence de la cour sur le peuple; et l'on a raison. Devient-elle corrompue? les moeurs publiques s'alterent et se dégradent. Donne-t'elle l'exemple des bons principes et des vertus? la nation ne manque jamais de se réformer. Il n'est pas de vérité plus constante:

regis ad exemplar totus componitur orbis.

Mais quelque réelle que soit cette influence, par rapport aux moeurs, elle n'est pas cependant la même, par rapport au langage. La cour peut bien fournir des tournures ingénieuses, répandre le goût de l'élégance et de la délicatesse, faire saisir, dans les objets de nos connoissances, et surtout dans nos sentimens, quelques nuances fines, qui échappent au reste des citoyens. Mais ce n'est pas elle, qui peut étendre l'empire de la philosophie et de la raison, développer les principes des arts et des sciences, faire des découvertes intéressantes, et créer les expressions nécessaires, pour rendre, avec autant d'énergie que de verité, des pensées neuves.

Qu'on me cite une seule cour, d'où soit partie la lumière qui a éclairé les peuples. Le bel-esprit y brille quelquefois; et le vrai génie, au contraire, s'y éteint presque toujours, s'il n'y est étouffé avant que de naître.

Ce pays d'illusions ne peut donc éblouir, qu'autant qu'on ne le voit que de loin et en perspective. L'air qu'on y respire n'est propre qu'à porter le germe de tous les genres de corruption dans les ames.

Eh! comment les bons esprits ne dégénéreroient-ils pas, à la longue, dans les cours, tandis que les petites passions, que tout y excite, font nécessairement substituer, en toute occasion, le mensonge à la vérité, l'intérêt personnel et individuel à l'intérêt général, le langage sophistique et astucieux de la politique, à l'expression franche et libre de la nature?

Il n'en est pas de même du siége de l'empire ou centre de la domination. De grandes capitales, comme Londres, Paris, Naples, Rome, Madrid, doivent donner l'impulsion à tous les esprits; et c'est dans le sein de ces cités brillantes, que les langues nationales atteignent, tôt ou tard, à toute la perfection dont elles sont susceptibles. C'est-là, que la plupart des beaux génies se rassemblent de toutes parts, parce qu'ils y trouvent toutes les espèces de ressources, pour se soutenir honorablement, et même pour s'avancer dans la carrière de la fortune; tous les objets des arts, qui sont propres au développement des talens et au progrès du goût; toutes les communications, enfin, qui sont nécessaires aux artistes et aux écrivains, et dont il leur est si difficile de se passer, quels que soient les genres qu'ils ont embrassés.

Mais l'Allemagne est partagée en différens Etats, plus ou moins circonscrits; et les capitales de ces Etats ne sont point, à beaucoup près, comparables à celles des autres grandes monarchies de l'Europe. Elles n'ont, ni les mêmes richesses, ni la même population. Les sciences et les beaux-arts y sont beaucoup moins encouragés, et conséquemment, cultivés avec beaucoup moins de succès. On y trouve infiniment moins de modèles, et bien moins de sujets d'émulation.

Toutes ces circonstances concourent à y retarder le perfectionnement de la langue commune, et d'autant plus, que chacun des Etats, qui composent l'empire germanique, ne veut recevoir la loi que de lui-même.

Il n'est donc que trop vrai, que toute comparaison entre Paris et Vienne *seroit insoutenable.*

Il s'ensuit, que, si les Allemands n'ont pas sujet de s'étonner et de rougir de l'imperfection actuelle de leur grammaire, ils seroient, sans doute, repréhensibles, s'ils n'entreprenoient avec empressement de corriger ce manque de perfection, dont elle est si fort éloignée.

On ne peut trop exhorter nos académiciens allemands à suivre les sages conseils de Leibnitz.

Depuis que ce grand homme a écrit cet ouvrage, la grammaire de leur langue ne s'est pas peu perfectionnée, sans doute; ils sont plus en état que moi d'en juger. Je sais seulement, qu'on fait beaucoup de cas, en France, de celle de Mr. Juncker, leur compatriote, qui a été long-temps professeur de langue allemande à l'école royale militaire de Paris. Mais, peut-être, les Allemands eux-mêmes y découvrent-ils des défauts réels, qui sont peu sensibles aux étrangers.

Quoi qu'il en soit de cette grammaire et de toutes celles qu'ils ont encore, il est temps, enfin, qu'ils fassent tous leurs efforts pour porter l'art de parler et d'écrire à sa perfection; et il est digne des membres de notre Académie, qui s'occupent dans ce moment de l'amélioration de leur langue, de rendre ce nouveau service à leur patrie et à l'Europe, qui l'attendent également de leur zèle et de leurs lumières.